Inhaltsverzeichnis

Maharshi Dayanand Saraswati Book Series-6

Das Yogadarśana
योग दर्शन

(Wissenschaft über die Modifikation der Psyche)

Sanskrit Text, Romanische Transliteration und deutsche Übersetzung nach Vyāsa Bhāṣya und Bhoja Vṛtti.

Prof. Ravi Prakash Arya

Professor in der Fakultät
Maharshi Dayanand Saraswati Chair (UGC)
Maharshi Dayanand Universität, Rohtak, Haryana (Indien)

Assistiert durch
Dr. Claudia Wanessa Poletto

übersetzt ins Deutsche durch
Alois Heinrich
Stefan Durgadas Heller

Indische Stiftung für vedische Wissenschaften
H.O.1051, Sector-1, Rohtak, Haryana, Indien
Telefon.09313033917; 9650183260
Email: vedicscience@gmail.com; vedicscience@rediffmail.com
Web: vedicscience.website2.me

Erste Edition

Kali era 5123 (c. 2022)

Kalpa era 1,97,29,49,123

Brahma era 15,55,21,97,29,49,123

ISBN: 9788187710561

© Autor

Alle Rechte vorbehalten. Kein Teil dieses Werkes darf reproduziert oder kopiert werden in jeglicher Form, ohne die schriftliche Genehmigung der Autoren.

gedruckt durch

Indische Stiftung für Vedische Wissenschaften, 1051, Sektor-1, Rohtak-124001, Haryana

Vorwort zur deutschen Ausgabe

Das Wort Yoga (योग) ist heutzutage in aller Munde. Wir finden es als sogenannten Life-Style in Fitness Studios und auf unzähligen Produkten, die mit Yoga Werbung machen. Es wird suggeriert, dass Yoga entspannt, ebenso wie Produkte, die mit Yoga vermarktet werden.

Ist Entspannung das Ziel von Yoga? Sollte Yoga konsumiert, statt praktiziert werden? Wieviel von dem, was wir als Yoga sehen, ist eigentlich wirklich Yoga? Was ist Erleuchtung? Braucht der Einzelne so etwas in seinem Leben? Wie hilft mir das konkret in meinem Alltag - oder möchte ich einfach nur aus diesem (ent)fliehen? Ist Yoga mehr als ein bisschen Gymnastik? Ist es eine mystische Erfahrung, von der jeder behaupten kann, diese gemacht zu haben, ohne dass andere es verifizieren können? Beispielsweise wird im Weltlichen nach dem Ferrari gesucht, im spirituellen nach dem imaginären (feinstofflichen) Ferrari, dem ultimativ Erstrebenswerten, sprich Erleuchtung. Der vollkommenen spirituellen Erfahrung.

Da nun aber keiner deinen imaginären Ferrari sehen kann, kannst du behaupten, dass deiner natürlich das größte und beste Auto sei und so etwa Prestige in der spirituellen Szene erlangen, ohne dich mit dem wahren Kern, der Essenz der Sache auseinandergesetzt zu haben. Vielleicht hast du die eine oder andere durchaus tiefe mystische Erfahrung gemacht, die aber auch wieder vorbei ging.

Im Prinzip hast du dich "nur" von grobstofflichen

Statusobjekten auf feinstoffliche verlagert, was für viele schon ein großer Schritt ist. Jagst womöglich von einer spirituellen Erfahrung der nächsten nach, anstatt etwa tollen glamourösen Reisen, Frauen/Männern, Autos und sonstigen weltlichen Spielzeugen im Außen.

Der Kern des Problems aber wäre die Frage, wer bin ich, was ist meine wahre Natur und in welchem Verhältnis steht die Seele पुरुष / आत्म zum Geist चित्, welcher dann gefüllt ist mit den Eindrücken चित्त der sichtbaren Welt दृश्य जगत् die ich wahrnehme. Im Lichte dessen auch zu fragen, was hindert mich daran dies zu erkennen und welche Hindernisse können mir hierbei in einer beständigen Praxis (अभ्यास Abhyāsa) begegnen und wie kann ich diese beseitigen und meine Verhaftungslosigkeit (वैराग्य Vairāgya) fördern? Vor allem, von was genau Verhaftungslos zu sein und wie? Eine Frage, der im meist vor allem als Erfahrung vermarkteten Yoga, nur selten die nötige Tiefe zukommt und letztlich die Essenz von Sankyha und Yoga darstellt, das weit älter als die im Westen hippen Körperverrenkungen ist. Die sogenannten Asanas (आसन Körperhaltungen) was wir im Westen Hauptsächlich als Yoga praktizieren, ist ein Teil des achtgliedrigen Yogas (अष्टाङ्ग योग Aṣṭāṅga Yoga). Welches wiederum Samādhi (समाधि) als Ziel hat (achtes Glied), welcher wiederum hilfreich ist im Gedächtnis (स्मृति Smṛti) aufzuräumen und auch bei weiterführenden Techniken (Bsp. संयम Sanyama) verwendet werden kann. Um aber überhaupt zur Asana (den Körperstellungen) zu kommen, finden wir zwei Glieder vor der Asana im achtgliedrigen Yoga. Diese sind Yama (यम) und Niyama (नियम), was wir im Westen oft vergessen, wenn wir beispielsweise Yoga rein als Asanas im Fitnessstudio praktizieren. Ohne tägliche Meisterung von Yama und Niyama (d.h. धर्म Dharma), können die höheren Techniken und Erfolge nicht erreicht werden.

Zurück zum Thema, was aber ist Yoga eigentlich dann genau? Worin liegt der sagenumwobene Schlüssel zur Befreiung und Unsterblichkeit verborgen? Im Kern ist Yoga etwas zu verbinden und gleichzeitig permanente Unterscheidungskraft – Viveka hervorzubringen (विवेकख्याति Viveka khyati). Das Vergängliche vom Unvergänglichen zu trennen. Das rechte Befragen, was wirklich ist und was nicht. Was wiederum zum Videha Mukti (विदेहमुक्ति) führen kann. Anscheinend widersprüchlich und später aber verständlich. Warum und wieso? Lass dich mitnehmen auf diese spannende Entdeckungsreise tief in die ursprünglichen geheimen Tempelräume der Tiefe des wahren, ursprünglichen Yogas. Sozusagen der heilige Gral der Unsterblichkeit des Ostens. Natürlich kannst du Yoga aber auch einfach für deine tägliche Entspannung nutzen. Wie einst beispielsweise ein weiser Yoga Acharya sagte, es gibt so viele Formen von Yoga wie es Menschen gibt. Bitte denke auch daran, dass früher Schüler mehrere Jahre mit einem Lehrer gemeinsam gelebt und gelernt haben, vorzugsweise im Einzelunterricht (gurukula गुरुकुल), um dieses Wissen verstehen und anwenden zu lernen. Auch beginnt üblicherweise nachdem ein Text beendet wurde dieser erneut mit dem ersten Sutra/Vers. Versuche dir so alle 195 Sutren einzuprägen und das Wissen (Jñāna ज्ञान) zu angewandten/erfahrenden Wissen (Vijñāna विज्ञान) zu wandeln. Jede Reise fängt mit dem ersten Schritt an.

Wir sollten also das hier dargelegte Wissen, das von Generation zu Generation weitergegebenen wurde zu würdigen lernen. Dies können wir z.B. tun, indem wir uns wie in diesem Buch seinem Ursprung widmen und so auch erkennen können, dass eben dieses Wissen auch die Grundpfeiler der heutigen westlichen Philosophie darstellt. Meist blicken wir ehrfürchtig zur griechischen Philosophie empor, zu Plato, Sokrates und

Höhlengleichnis. Aber auf wessen Kuhdung wuchs all dies eigentlich, frage ich mich während ich gerade Ghee ins Feuer der Agnihotra zum Sonnenuntergang gebe? Eine über 2000 Jahre verschleppte Plagiatsaffäre? Oder zumindest ein reicher geistiger und Kultureller Austausch? Vielleicht hat die indische Kultur der Veden uns auch heute noch weit mehr zu geben und zu erzählen, als wir bisher bereit sind zu erfassen. Erst langsam tauchen vorsichtig die ersten verhaltenen wissenschaftlichen Studien zu Seele oder Reinkarnation im Westen auf. Können uns die Veden zu einem Menschenbild, Weltbild verhelfen, das den Materialismus, den rein mechanistischen Blick auf die Welt und Mensch aufzubrechen vermögen? Was wenn wir alle unsterblich sind?

Ps: Dieses Buch verwendet einige Sanskrit Begriffe bzw. Passagen als zusätzliche weiterführende Erklärung. Dies soll auch ein Ansporn für dich sein, dass du tiefer in die Materie einsteigst und diese wunderschöne Sprache kennenlernen kannst. In der englischen und in der deutschen Sprache haben wir zum Beispiel nicht exakt die gleichen Wörter, nicht jedes Wort lässt sich adäquat übersetzen. Ganz besonders das Wort mind/Geist. So wie Eskimos viele Namen für Schnee kennen, da er für sie immens wichtig ist, so kennt Sanskrit gerade für Geisteszustände und die vielen spirituellen Zustände und Sachverhalte ein mannigfaltiges Vokabular, für das es auf Deutsch und Englisch meist kein Pendant gibt. Daher lohnt es sich um wirklich tief in die Yogaweisheiten einzusteigen zumindest einige Sanskritbegriffe kennenzulernen.

Anmerkung zur deutschen Übersetzung: Eine Eigenart der deutschen Sprache ist im Gegensatz zur englischen Sprache des Originaltextes das spezifische Geschlecht. So wurde in dieser Übersetzung teilweise die weibliche und männliche Form mit * oder / erwähnt. Jedoch wird hierauf zugunsten einer besseren, einfacheren Lesbarkeit meist verzichtet - da die Sätze mit Sanskrit und Klammern teils ohnehin schon komplex sind. Dies wollten wir durch ein durchgängig korrektes Gendern nicht weiter aufblähen. Es soll hier jedoch ausdrücklich klargestellt sein, dass hier stets die weibliche UND männliche Form gemeint sind, etwa mit Yogi stets auch Yogini oder etwa Ishvara das weibliche und männliche Prinzip in sich vereint. Es könnte also genauso gut die Ishvara lauten.

Wir bitten alle Leserinnen, die sich daran eventuell stören mögen, dies uns nachzusehen und sich stets auch als angesprochen zu wissen.

Herzliche Grüße und Freude,

Durgadas/Alois

Vorwort

Diwan Bahadur Harbilas Sarda (2007:252) sagte, "die Philosophie ist die wahre Herrscherin des Globus: Sie breitet ihre Prinzipien aus, welche die Welt leiten. Philosophie zeigt wie ein alldurchdringendes Genie unbewusst oder bewusst dem alltäglichen Mensch die Schönheit der Schöpfung, was wiederum zur Bewunderung der Philosophie anregt. Es ist die Philosophie, welche die Fanfare bläst und ebenfalls auch das Schwert besiegt und überwindet. Philosophie herrscht absolut ungestört an oberster Stelle. Sie erobert den Eroberer und unterwirft den Unterdrücker."

Falls es wahr ist, dass eine großartige Nation allein großartige Philosophen oder ein komplettes Philosophiesystem erschaffen kann, dann kann wahrlich gesagt werden, dass hierbei die Inder ohne Zweifel als die größte Nation angesehen werden können. „Philosophen" sagte Professor Max Müller (1859:564-565) „erheben sich nur, wenn die Sicherheit des Staates als gewährleistet gilt und Wohlstand in gewissen Familien verdient und konzentriert ist, nachdem Schulen und Universitäten gegründet und eine Sehnsucht für die literarischen Ziele geschaffen wurde. Welche auch selbst in den fortgeschrittensten Staaten der Zivilisation immer noch nur einen kleinen Teil ausmachen, verglichen mit der sich plagenden Masse.

Zu welch großem Gipfel der Zivilisation, müssen die Inder dann gekommen sein, sagt Professor Max Müller. (1859:31) Weiterhin äußert er auch, dass „Die Inder eine Nation von Philosophen sind."

Die Philosophie der vedischen Menschen ist ein weiterer Beweis für ihre herausragende Zivilisation, ebenso im Vergleich zu intellektuellen Meisterleistungen in der Vergangenheit und auch in der Moderne. Frau Manning (1869: vol. 1, Seite 114) schrieb, 'Die Inder haben den größten Umfang des Geistes, zu welchem der Mensch fähig ist.'

Schlegel (1818) sprach von dem noblen, klaren und ernstlichen, großen Betonungen vom indischen Geistesgut und sagt, 'Selbst die erhabensten Philosophien der Europäer, der Idealismus der Vernunft, wie er auch von den griechischen Philosophen erschaffen wurde, erscheint im Vergleich zum opulenten Licht und Energie der orientalischen Idealismus wie ein kläglicher Funke in der vollen Flut und himmlischen Ruhm der Mittagssonne; zögerlich, kraftlos und immer dazu bereit zu verblassen.' (Sarda, 2007:253).

Professor Weber (1878:27), spricht über die Indische Philosophie 'Es ist auf diesem Feld und in der Grammatik, dass der indische Geist die höchste Tonhöhe seiner wunderbaren Ergiebigkeit erreicht hat.'

'Die Inder,' sagt Max Müller (1859:565), 'sind ein Volk, bei dem alle bemerkenswert begabt für philosophische Abstraktionen sind.' Schlegel (1818:126) sagte, 'Indien hebt sich außerordentlich, anhand der vielen Eigenschaften der Originalität des Denkens und Geistes, sowie durch die wundervolle Überlieferung des unmittelbaren Wissens, hervor.'

Wie überhaupt alles in Indien besitzt die Indische Philosophie ein gigantisches Ausmaß an Fülle.

Jede Nuance einer Meinung, Form eines Gedankens, Schule der Philosophie, hat hier ihren Ausdruck in den philosophischen Schriften der Inder gefunden und entwickelte hier ihre volle Größe. (Sarda, 2007:253).

Sir W. Hunter (1881:213-214) sagte, 'Die Probleme des Denkens und von ihrer Art, den Geist, Materie und Seele getrennt voneinander zu betrachten, der Ursprung des Bösen, der summum bonum des Lebens, der Notwendigkeit und des freien Willens, und von der Beziehung zwischen dem Schöpfer und seinen Geschöpfen, den intellektuellen Problemen, wie die Kompatibilität des Bösen mit der Liebe Gottes, das ungleiche Verteilen von Freude und Leid im Leben, sind Bestandteil endloser Diskussionen. Die Brahmin Philosophie erschöpfte die Möglichkeiten zur Lösung der o.g. Schwierigkeiten und den meisten anderen großen Problemen, welche seither die Griechen, die Römer, die mittelalterlichen Gelehrten und den modernen Mann der Wissenschaft noch bis heute beschäftigen.'

Weiterhin ist zum Umfang der indischen Philosophie erwähnenswert, dass Dr. Alexander Duff in einer Rede in Schottland sagte: „Die Indische Philosophie ist so allumfassend, dass in Ihr alle europäischen Philosophien gefunden werden können.' (Sarda, 2007:254).

Professor Goldstucker findet in den Upanischaden 'Das Juwel aller Philosophien' (Frau Manning, 1869: Vol.1, Seite 149).

Graf Björnstjerna (1844:29-30) sagte, 'In einer metaphysischen Betrachtung finden wir bei den Indern alle fundamentalen Ideen, von diesen unermesslichen Systemen, welche lediglich als Spross der Fantasie angesehen werden, trotzdem eine Bewunderung über die Kühnheit und die Möglichkeit des menschlichen Geistes selbst hervorrufen, sich zu solch erhabenen und ewigen Regionen zu begeben. Wir finden bei den Indern alle Prinzipien des Pantheismus, Spinozismus, Hegelismus, auch das Einssein Gottes mit dem Universum; von dem ewigen Geist, welcher in Form des gesamten spirituellen Lebens der Menschheit herab auf die Erde kam; von der Wiederkehr des Funkes nach dem Tode zum göttlichen Ursprung; von der nahtlosen Wechselfolge zwischen Leben und Tod, welche schlichtweg nichts anderes ist, als ein Wechsel von verschiedenen Modifikationen der Existenz. All das finden wir bereits bei den Philosophen der Inder, welche es genauso klar wie unsere modernen Philosophen präsentiert haben, aber bereits vor über 3000 Jahren.

Hier können wir nicht die voreingenommene Sichtweise von James Mill außer Acht lassen, welcher wohl die je schwachsinnigste Aussage tätigte, die niemals von irgendeiner gebildeten Person auf der Welt so geäußert worden wäre. Er spekulierte darüber, dass die Inder extrem barbarisch seien. Hingegen haben gerade die Inder im großen Stil die Metaphysik kultiviert und vorangetrieben.

Prof. Wilson hatte daher hiergegen Einwände erhoben. Er sagte (1845:74, siehe die dortige Fußnote) 'Mit Verlaub, ist die Kultivierung von Metaphysik ein Zeichen der Zivilisation und nicht des Barbarentums. Wir sollten uns dann in diesem Lichte auch fragen, ob Locke, Descartes, Leibniz, Kant und Schelling ebenfalls auch barbarisch waren'.

Nach Harbilas Sarda (2007: 255 siehe hier die dortige Fußnote), ist Herr James Mill eine unübersehbare, deutlich sichtbare Instanz eines Mannes, welchem sein Geist durch seine Voreingenommenheit ganz/völlig eingelullt wurde.

Mill's Geist ist in der Lage, die größten, unmöglichen Absurditäten hervorzubringen.

'Herr Mill', sagte Wilson, 'Ist dazu geneigt, zu

denken, dass es nicht möglich wäre, dass die Pyramiden aus den Wolken gefallen oder aus dem Boden gewachsen sind.'

Wie dieser pervertierte Intellekt einen der größten Denkern Englands inspiriert hat, ist ein Problem das von psychologischen Interesse ist.

Selbst mit dem begrenzten Wissen, welches in seiner Zeit über die indische Philosophie und Wissenschaft in Erfahrung gebracht werden konnte, war es Sir William Jones möglich zu sagen 'Ich kann spekulieren und darauf schließen, ohne ein Blatt vom niemals vergehenden ewigen Lorbeerbaum Newtons zu pflücken, dass seine ganze Theologie, Teile seiner Philosophie in den Veden gefunden werden können und selbst auch in den Werken der Sufis.

'Den subtilsten Geist, welchen er vermutet, welcher verborgen in den Körpern der Natur liegt, welcher Anziehung und Abstoßung, Emission, Reflektion, Brechung des Lichtes, Elektrizität, die Empfindung von Wärme und muskuläre Bewegung verursacht, ist bei den Indern als das fünfte Element beschrieben, welches über die gerade genannten Kräfte verfügt.' (Sarda, 2007: 255)

Im Januar des Jahres 1906 sagte Frau Besant, während sie eine Vorlesung in der Nationalen Universität in Indien (Calcutta) abhielt, "Die Indische Psychologie ist eine bei weitem perfektionierte Wissenschaft, als die europäische Psychologie. (Sarda, 2007: 255)

Professor Max Müller hatte beobachtet 'die Inder reden in den Straßen über Philosophie' und dies ist so, da ihre Philosophie einen durchgehend sehr praktischen Aspekt aufweist.' (Sarda, 2007:255)

'In Anerkennung dazu' sagte Björnstjerna (1844:27), 'die Inder waren bereits viel weiter fortgeschritten als die

Philosophen aus Griechenland und Rom, welche die Unsterblichkeit der Seele als problematisch betrachteten.'

'Sokrates und Plato mit all ihren Sehnsüchten konnten sich nur gewiss sein, dass die Seele mehr Unsterblichkeit besitzt, als bis dahin angenommen wurde.'

In Indien wurde diese Doktrin nicht nur in der Theorie akzeptiert, sie formen hier sogar die Leitlinien der gesamten Nation.

Das ist wahre Philosophie. Es ist diesem praktischen Charakter geschuldet, dass sich die Indische Philosophie über weite Areale des Globus verbreitet hat.

Auch selbst heute hält die Indische Philosophie Einzug in die Köpfe von fast der Hälfte unserer Erdenbewohner. Während der partielle Einfluss der Philosophie ohne Frage auch universell ist. (Sarda, 2007:255-256).

In alten Zeiten kamen Menschen aus fernen Ländern nach Indien, um Wissen zu Erlangen und ihre Weisheit zu stärken. Die Indische Philosophie arbeitete so im Stillen für sich über die Jahrhunderte. Dass die Ägypter ihre Religion, Mythologie und Philosophie von den Indern abgeleitet haben, wurde schon deutlich durch Graf Björnstjerna dargelegt; auch dass die griechische Philosophie ihre kardinalen Doktrinen aus der Indischen Philosophie entnommen hatte, wurde bereits durch hochangesehene Orientalisten dargelegt.

Die Ähnlichkeiten 'zwischen der Indischen und Griechischen Philosophie ist zu auffällig, um nur ein Zufall zu sein. Die Inder, weitaus fortgeschrittener, müssen die Lehrer sein und die Griechen die Schüler.

Herr Colebrooke (1827:579), der herausragende Antiquitätensammler, entschied in dieser Frage zu

Gunsten des indischen Ursprungs und sagte 'Die Inder waren, in dieser Beziehung die Lehrer und nicht die Schüler.'

Einem Franzose fiel auf, dass 'die Spuren der Indischen Philosophie, welche bei jedem Schritt und Darstellung der Griechen angeblich durch diese das Licht der Welt erblickten, es klar war, dass viele von den Gelehrten hier ohne Zweifel einen reichlichen Schluck an der ursprünglichen Fontäne des Wissens (Indien) getrunken haben müssen.'

Der große griechische Philosoph, Pythagoras, kam nach Indien um Philosophie zu lernen und absorbierte hier das Doktrin der Seelenwanderung, welches durch die indischen Weisen erzählt wurde.

Dr. Enfield (1791:49) schildert, 'Egal aus welcher Region Indiens, das Land welches auch an Persien angrenzt, bemerken wir, wenn wir die Weisheit von Indien empfangen, dass es keinen Zweifel darüber gibt, dass die weisen Männer sehr früh ein hohes Ansehen hatten. Wir finden in der Vergangenheit, dass Indien von Pythagoras, Anaxarchos, Pyrrho und weiteren besucht wurde, mit dem Ziel Wissen zu erwerben, welche hervorragende Philosophen in Griechenland wurden.'

Den Indern die Frage stellend, bezüglich was die menschliche Natur zur Entstehung bringe, sagt der schwedische Graf (Björnstjerna, 1844:77), 'Pythagoras und Plato haben dieselben Doktrin. Die von Pythagoras ist höchstwahrscheinlich aus Indien, wohin er gereist ist, um seine philosophischen Studien zu vervollständigen.'

Herr Pococke (Ravi Prakash Arya, 2003:340) sagt, 'Gewiss ist, dass er (Pythagoras) Indien besucht hat, was meiner Meinung nach offensichtlich ist.'

Schlegel (1818:109) schildert, 'Die Doktrin der Seelenwanderung war indischen Ursprungs und wurde durch Pythagoras nach Griechenland gebracht.'

Herr Princep gibt an, 'Der Fakt, wie auch immer, dass er (Pythagoras) seine Doktrin aus indischer Quelle hat, ist allgemein anerkannt. Unter dem Name Mithraic, entfaltete der Glaube des Buddhas auch eine weite Ausweitung.' (Ravi Prakash Arya, 2003:347).

Monier Williams (1879:68) äußerte, dass Pythagoras und Plato beide diese Doktrin glaubten und dass sie diese Erkenntnis den indischen Gelehrten entliehen haben.

'Pyrrhon', nach Alexander Polyhistor, 'ging mit Alexander dem Großen nach Indien und daher steht der Skeptizismus von Pyrrhon in Verbindung mit der buddhistischen Philosophie von Indien' (Max Müller, 1866:86).

Nach dieser griechischen Tradition, unternahmen Thales, Empedocles, Anaxagoras, Democritus und auch andere Reisen zu den orientalischen Ländern, um Philosophie zu studieren (Praphulla Chandra, 1902:2).

Professor H. H. Wilson (1864:Vorwort XIV) sagt, 'Wir wissen, dass in der frühen christlichen Era eine aktive Kommunikation zwischen Indien und den Bewohnern am roten Meer stattfand, hierbei wurden auch Doktrin (Schriften) als Handelsgüter nach Alexandria verbracht. Epiphanius und Eusebius beschuldigen Scythianus, dass dieser im zweiten Jahrhundert aus Indien Bücher über Magie und andere ketzerische Formen importiert habe, welche zum Manichäismus (einer gnostischen Religion) geführt haben sollen. Es war in derselben Zeit, dass Ammonius Saccas die Sekte der neuen Platonisten in Alexandria gründete. Die Basis dieser Irrlehre war die wahre Philosophie, welche ihren Ursprung in den orientalischen Nationen hatte.'

Herr Davies (1907:196) schildert, "Scythianus war ein Zeitgenosse von Apostles und war im Handel mit Indien tätig. In seiner Laufbahn und Handelsroute besuchte er oft Indien und machte sich selbst mit der indischen Philosophie vertraut. Als er ein beträchtliches Vermögen angehäuft hatte, wurde dieser in Alexandria sesshaft. Nach Überlieferung von Epiphanius und Cyril schrieb er hier ein Buch in vier Teilen, welches diese als die Quelle ansehen, aus welcher der Manichäismus seinen Ursprung hatte."

Daher ist es klar, dass die Indische Philosophie der Brunnen ist, aus welchem die griechische Philosophie ihre grundsätzlichen Lehren (Inhalte) für ihre Philosophie geschöpft hat. Die wahre Philosophie kommt von den Indern. Als erstes unterschied der Mensch das Ewige vom Vergänglichen, als nächstes nahm der Mensch in sich selbst den Keim der Ewigkeit wahr. (Sarda, 2007:258).

'Diese Entdeckung,' sagte Professor Max Müller (1859:20), "War eine Epoche in der Geschichte des menschlichen Geistes und der Name des Entdeckers ist nicht vergessen. Es war Śāṇḍilya, welcher verkündete, dass das Selbst, welches im Herzen verweilt, Brahmā ist."

Die umfangreichen atheistischen und agnostischen Systeme der Philosophie ausklammernd, welche durch Chārvaka und andere verfochten wurden und ebenfalls durch die Jain und buddhistischen Philosophen verteidigt wurden, heißen bei den Indern die Schulen der Philosophie, sogenannte Darśanas. Aber ein Großteil der indischen Literatur ging verloren.

Professor Goldstucker schließt auch nicht aus, dass 'es

möglicherweise neben den Upanischaden noch andere philosophische Werke gab, welche noch ursprünglicher waren, als jene die uns heute erhalten sind, die damals als gemeinsame Quelle der Werke dienten, welche für uns nun in der heutigen Form die sechs Darśanas sind. (Sarda, 2007:259).

Die sechs Darśanas sind: **Nyāya** und **Vaiśeṣika**; **Sāṅkhya** und **Yoga**; sowie **Pūrva** und **Uttara Mimānsās**.

Da dieses Werk dem Yogadarśana gewidmet ist, wäre es nicht außerhalb des Kontexts, ein paar Worte über Yoga zu sagen. Yoga ist die Modifikation der Psyche, welche die Prozedur der Entkörperung der Seele vervollkommnet. Ohne das Wissen von Yoga können nicht die wahren Tiefen der menschlichen Natur erkundet werden und auch sonst niemals die versteckten Mysterien und Realitäten des Herzens ergründet werden. Kurzum, die Natur der Seele und das Wissen von bzw. über Gott.

Wahre Metaphysik ist unmöglich ohne Yoga und so ist es auch die mentale Philosophie. Patanjali teilte dies im Rahmen des Yogadarśana in vier Kapitel auf.

Das erste Kapitel erörtert die Natur der Seele und wie Yoga erreicht werden kann.

Das zweite Kapitel beschreibt im Detail die Wege und Möglichkeiten um Samādhi zu erlangen.

Das dritte Kapitel gibt eine Übersicht der Kräfte eines Yogīs, welcher dieser entwickelt, wenn er die letzte Stufe des Yogas erreicht.

Diese unterschiedlichen göttlichen Kräfte werden durch Sañyama, namentlich wenn die Drei: dhāraṇā, dhyāna und samādhi gemeinsam auf verschiedene Objekte fokussiert werden, erlangt.

Zum Beispiel Sañyama auf die Sonne ruft eine besondere Kraft hervor und dasselbe auf Jupiter eine andere, etc.

Das vierte Kapitel behandelt Moksha (Befreiung).

Patañjali verlautet, dass der Mensch, welcher ein Meister in Samādhi ist, hierdurch ein Wissen über die Vergangenheit und Zukunft, ein Wissen über die Laute der Tiere, Gedanken von anderen, der Zeit und seines eigenen Todes, etc. erlangen kann.

In einem Beispiel, welches durch Professor Wilson (1861:209-210) aufgezeichnet wurde, ist ein Brahmaṇa völlig ohne Hilfsmittel mitten in der Luft gesessen, einmal für zwölf Minuten, ein anderes mal für vierzig Minuten.

Colonel Olcott (1885: 141-142) berichtet über eine Darstellung eines Yogī, welcher ihm durch Dr. Rajendralal Mitra beschrieben wurde. "Es ist nicht bekannt, wann dieser Yogī in Samādhi ging, aber sein Körper wurde 45 Jahre später leblos in dem Gebiet Sundarbans durch Holzfäller aufgefunden. Alle möglichen Formen der Folter wurden durch den indischen Rājā und die Engländer eingesetzt, um diesen Mann zurück zu Bewusstsein zu bringen. Aber dies alles blieb ohne Erfolg. Egal was die Männer unternahmen, es war nicht möglich, ihm wieder eine Regung zu entlocken. Er wurde angeschrien, gestoßen, geschlagen, Feuer in seine Hände gebracht, ein Seil wie an dem Anker eines Schiffes an diesem befestigt und zweimal wurde dieser Mann durch die tiefen Wasser des Ganges gezogen, die ganze Nacht.

Seine starren Kiefer wurden auseinandergezogen, Fleisch in seinen Mund gelegt und Brandy in seinen Hals geleert. Anschließend wurde er noch durch eine Frau mit der Hand berührt und kam hierdurch sofort wieder zu Bewusstsein. Aber kurz darauf verstarb der Mann, weil diesem im Rahmen der Folterung eine vergiftete Mahlzeit gewaltsam eingeflößt wurde und dadurch eine tödliche Vergiftung bei dem Mann auftrat."

Dr. McGregor (1846) schreibt in seinem Buch Geschichte der Sikhs, "Eine ungewöhnliche Szene passierte einmal bei einem dieser Gartenhäuschen im Jahre 1837. Ein Fakir, welcher in Lahore ankam, verpflichtete sich selbst dazu, egal für wie lange in einer Box vergraben zu lassen, ohne zu essen und zu trinken!

Herr Runjeet war skeptisch gegenüber der Behauptung des Fakirs und entschloss sich, diese auf den Prüfstand zu bringen; dafür wurde der Mann in eine kleine hölzerne Box eingesperrt, welche in einem kleinen Apartment unter der Erdoberfläche gebracht wurde. An der hölzernen Box gab es eine Falltüre, welche durch ein Schloss und Schlüssel gesichert war. Um das Apartment selbst war ein Gartenhaus. Die Türe zu diesem war ebenso verschlossen und dahinter wurde eine Mauer mit Steinen und Schlamm errichtet. Um dieses Gartenhaus waren noch Wachen postiert, so konnte niemand das Gartenhaus erreichen. Es wurde strikt darauf geachtet und durch den Mahārājā angeordnet, dass für 40 Tage und Nächte niemand den Fakir stört und nach Ablauf der 40 Tage sein Enkelsohn, ein paar seiner Sirdars, sowie General Ventum, Kapitän Wade und ich selbst, den Fakir exhumieren werden.' Nach Ablauf der 40 Tage wurde die Verfassung des Fakirs festgestellt; hier in wenigen Worten zusammengefasst, schrieb der Autor sinngemäß 'Als der Fakir sich unterhalten konnte und das Kunststück erfüllt war, wurde es mit Freudenschüssen sowie anderen Gesten gefeiert; hier wurde dann durch Runjeet selbst eine große Goldkette um den Hals des Fakirs angelegt.'

Ein weiterer Gentleman von absolut zuverlässiger Aufrichtigkeit beschreibt das Kunststück eines Lamas, welcher sein Gast im September 1887 in Darjeeling war. Nachdem seine Stellungen (Körperposen) beschrieben wurden, gab der der Augenzeuge kund: "Plötzlich, seine sitzende Position haltend, erhob er sich senkrecht in die Höhe, ich würde sagen ungefähr einen Meter. Dann schwebte er, ohne eine Regung und Zucken eines einzigen Muskels, wie ein Korken im stillen Wasser.

Die beiden oben genannten Fallbeispiele sind nur eine kleine Auswahl unzähliger ähnlicher Fälle.

In Indien wurden nicht nur diese Kunststücke vollbracht, sondern auch Kunststücke von einer weit aus außergewöhnlicheren Natur, die hier so natürlich waren und daher schon niemanden mehr überraschen bzw. beeindrucken konnten.

Herr Fryer war ziemlich erstaunt darüber, Yogīs zu sehen, welche ihre Augen auf die Sonne gerichtet und diese hierbei fixiert hatten, ohne ihr Augenlicht zu verlieren.

Die Yoga Philosophie ist für die vedischen Menschen einheimisch und keine Spur davon ist in anderen Nationen, alt oder modern, zu finden. Es war die Frucht der höchsten intellektuellen und spirituellen Entfaltung und Entwicklung. Die Existenz dieses Systems ist hier ein anderer Beweis für die intellektuelle Überlegenheit der vedischen Menschen gegenüber aller anderen Menschen.

Es soll hier angemerkt werden, dass bisher keine Edition über das Yogadarśana erhältlich ist, welche die Thematik der Yoga Sutras von Patañjali in Englischer Sprache / Hindi in einer verständlichen Weise im Lichte der Veden und der Philosophie betrachtet, was nun mit dieser Auflage erstmals geschieht.

Heutzutage wurde Yoga zum berühmtesten Thema auf der ganzen Welt und es gibt eine immense Anzahl an Yoga Schulen, welche versuchen die Methoden bzw. Techniken zu lehren und wiederzugeben, wie diese im Patañjali's Yogadarśana geschrieben sind. So sind die unterschiedlichen Editionen des Yogadarśana, welche in den heutigen modernen Bibliotheken stehen nicht in der Lage, den aktuellen beabsichtigten Sinn der Yogasūtras zu erfassen.

Dies im Auge zu behalten, eine Edition zu erschaffen, welche eine wissenschaftliche ist, die das Yogadarśana abhandelt und zudem auf die alten Kommentare von Vyāsa und König Bhoja zurückgreift, hat daher der Author der gegenwärtigen Zeilen die Möglichkeit geschaffen, die Vedische Philosophie des Yogas, welche durch den großen Seher Patañjali an uns weitergereicht wurde, in dem größtmöglichen Maße an wissenschaftlichen Begriffen darzustellen und erörtert zu sehen. Durch diese Edition finden die Leser und Sucher eine Möglichkeit eine weitaus verständlichere Sichtweise über das Werk von Patañjali zu erlangen.

Hier solltet die unermüdliche selbstlose Arbeit von Dr. Claudia Wanessa Poletto nicht unerwähnt bleiben, einer populären Yoga Lehrerin und Schülerin der Yoga Philosophie im Westen; welche ihre wertvolle Zeit dafür aufgebracht hat, um durch dieses Manuskript des Yogadarśana zu gehen. Sie hat durch grafische Abbildungen einige der komplexesten Aspekte des Yogadarśana dargestellt und durch diese dem Buch eine gewisse Schönheit verliehen. Nachdem Sie mit der Arbeit an dieser Edition fertig war, konnte sie folgendes feststellen: "In diesem Werk kann beobachtet werden, dass in einer brillianten Kürze, Präzision und einer anschaulicher Art und Weise, Patañjali Wörter nutzte um das Erbe des Yoga zu beschreiben."

Nach Jahrtausenden folgt seiner Sichtweise immer noch ein majestätischer Nachhall. Der hier angeführte Begriff des Modifizierens bzw. Organisierens, geschickt in die Wege leiten, kann als eine Sammlung von technischen und wissenschaftlichen Wissen verstanden werden, welches darauf abzielt, Applikation und Implementation, bestimmte Funktionen oder Objekte zu ermöglichen bzw. zu realisieren.

Daher kommt es, dass das Werk von Patañjali als ein Werk der "Modifikation der Psyche" zu verstehen ist, weil es eine Methodik ist, die den Menschen zur Befreiung führt. Ein anderer fundamentaler Faktor seines Werkes ist die Zeitlosigkeit. Nur die Wahrheit allein hat die Kraft, Raum und Zeit zu überstehen, weil die Wahrheit sich selbst erhält. Die Genialität von Patañjali und seinen Kommentatoren liegt in der tiefgründigen Erfahrung der Weisheit, welche nicht nur durch intellektuelle Worte überzeugt, sondern auch durch die Verifikation des vorgeschlagenen Weges. Die hier angeführten Beobachtungen sind selbst erklärend und es bedarf hierfür keine weiteren Ausarbeitungen.

Nicht zuletzt bereitet es mir unglaubliches Vergnügen und Freude mitzuteilen, dass diese wertvolle erstmalige wissenschaftliche englische Wiedergabe von Yogadarśana basierend auf Vyāsa-bhāṣya und Bhoja-vṛtti ebenfalls auch das erste Werk ist, welches veröffentlicht und herausgegeben wird unter meiner Anstellung (nach Eintritt in den Ruhestand) als Fakultäts Professor im Maharshi Dayanand Lehrstuhl (Englisch UGC) an der Maharshi Dayanand Universität, Rohtak. Hier sollte erwähnt werden, dass Maharshi Dayanand Saraswati (1824-1883 A.D) einer der ersten vedischen Gelehrten, sozialer Reformer und der vorderste Anführer der ersten indischen Renaissance war. Dieser hob hervor, wie wichtig es ist die Veden wiederzuentdecken und aufleben zu lassen, sowie Pāṇini's Grammatik und Patañjali's Yogadarśana, um die indische Gesellschaft im Besonderen und die Menschheit generell zu einem sozialen Aufschwung zu erheben. Er war eine großartige Verkörperung des vedischen Lebens und Gedankens. Der Fanfarenstoß 'Zurück zu den Veden', welcher durch ihn gegeben wurde, hallt immer noch durch den Geist der indischen Massen. Dieses Werk ist ein bescheidener Tribut, zu diesem großartigen 'Renaissance Rishi'.

Prof. Ravi Prakash Arya

Email: vedicscience@gmail.com

Einleitung

Die sechs philosophischen Schulen, auch oft die Ṣaḍ Darśanas (Ṣaḍ = sechs und Darśanas = Sichtweisen) des alten Indien genannt, sind die Hilfsbücher um die unterschiedlichen Aspekte des umfassenden Wissens zu verstehen, welches die Veden selbst bewahren. Diese sechs Darśanas sind nicht verschieden von den Veden, aber ein wesentlicher Bestandteil der langen vedischen Tradition von Indien. Deshalb werden diese Bücher Āstika (theist) Darśanas genannt, da diese die Veden als Quelle des Wissen akzeptieren bzw. ihren Vorgaben folgen. Die philosophischen Ansichten, welche sich durch andere Sichtweisen entwickelt haben, werden als Nāstika Darśanas oder auch als philosophische Sichtweisen bezeichnet, welche sich ungeachtet der Leitlinien der Veden geformt haben. Die Begriffe Āstika und Nāstika bezeichnen jeweils pro-vedisch und anti-vedisch. Das Yogadarśana beschäftigt sich mit dem spirituellen und metaphysischen Aspekt der Schöpfung und der Errungenschaft der Befreiung bzw. des Erlangens von dieser. Das Hauptziel ist es, dem Menschen zu helfen, sich selbst in einem Ausmaß zu entwickeln, dass man die Allmächtigkeit bzw. Gott begreifen und realisieren kann.

Alle sechs philosophischen Schulen ergänzen sich gegenseitig. Diese behandeln jeweils separate Aspekte über das Wissen der Schöpfung. Zum Beispiel Mīmānsā von Jamini beschäftigt sich mit der karmakāṇḍa (Sektion über Handlungen). Die Karmakāṇḍa stellt karmas (Handlungen) dar, welche vom Menschen für sein pāmārthika (spirituelles) Erheben und laukika (materiellen) Fortschritt ausgeführt werden können. Daher behandelt die karmakāṇḍa von Mimānsā auf der einen Seite karmas, welche sāttvika sanskāras produzieren und das Individuum dadurch zur Göttlichkeit führen, auf der anderen Seite spricht es auch über sankāras von materiellen Dingen, einen umweltfreundlichen technologischen Fortschritt zu erschaffen, um dem menschlichen Leben auf der laukika Ebene Fortschritt zu gewähren.

Daher ist der Zweck der karmakāṇḍa der vedischen Philosophie den Sanskāra von dravyas (Materialität und Seele) für die spirituelle und materielle Erhebung und Fortschritt des Menschens voranzutreiben.

Der Mimānsā Philosoph, Jaimini (3100 vor Christus), definiert karma als:

द्रव्यसंस्कार कर्मसु परार्थत्वात् फलश्रुतिरर्थवादः स्यात् ॥ 4.3.1

Karma ist der sanskāra der Materie (gemacht aus den fünf rohen Elementen), um die Technologie für den Menschen zu entwickeln, so dass diese zum Wohle der Menschheit genutzt wird und die gewünschten Ergebnisse erzielt.

Weiterhin definiert Jaimini auch den Zweck von Karma:

द्रव्याणां तु क्रियार्थानां संस्कारः क्रतुधर्मः स्यात् ॥ 4.3.8

Der Hauptzweck des क्रतुधर्मः (karma) ist der sanskāra (die Entwicklung) von den materiellen Dingen, um verschiedene Technologien zu entwickeln.

An dieser Stelle sollte erwähnt werden, dass was die moderne Technik als die Verfeinerung, Modifizierung, Reinigung, sowie die Entwicklung von materiellen Dingen bezeichnet, in der vedischen Wissenschaft als sanskāra betitelt wird. Das Hauptaugenmerk der modernen Wissenschaft ist die Welt der Dinge, sich hier mit dem sanskāra der materiellen Dinge der externen Welt zu beschäftigen, um so Technologien zu entwickeln, die den Menschen durch Komfort voranbringen. Hier unterscheidet sich das Konzept der vedischen Wissenschaft und der modernen Wissenschaft grundlegend. Die vedische Wissenschaft beschäftigt sich primär mit dem (spirituellen) sanskāra der Menschen, bevor diese nach den materiellen sanskāra streben bzw. sich damit beschäftigen. Nach der vedischen Wissenschaft ist ein Mensch, der nicht durch einen bestimmten Prozess von sanskāras geht und in einer solch rohen Form verbleibt nicht besser als ein Tier. In dieser Form ist der Mensch dann (noch) nicht als ein gesellschaftliches Wesen zu betrachten. Ebenso wie die materiellen Dinge nicht effizient genutzt werden können, solange diese in ihrer unbearbeiteten Form verwendet werden, kann auch ein menschliches Wesen nicht ohne einen Prozess von sanskāras ein soziales, kulturelles und zivilisiertes Wesen werden. Für die praktische Anwendung, müssen zum Beispiel materielle Dinge einen bestimmten Prozess der Veredelung/Verfeinerung durchschreiten als sanskāra, wie zum Beispiel der Sesam Samen zum Öl wird. Der Sesam Samen kann in seiner rohen Form nicht als Öl genutzt werden. Aber nachdem er den Prozess (sanskāra) der Veredelung, einem technischen Verfahren durchschritten hat, wird das Öl nutzbar. Auf diese Weise ist die Umwandlung von Öl, von seiner rohen Form zu seiner veredelten Form, im Vedischen bekannt als kratudharma (Technologie/technisches Verfahren).

Ebenso auch der Prozess von anderen materiellen Dingen, welche für den Menschen nutzbar gemacht werden, wird dies ebenfalls als kratudharma (technisches Verfahren) bezeichnet.

Im heutigen Wettrennen der technologischen Entwicklung hat die moderne Wissenschaft die Notwendigkeit für einen sanskāra der menschlichen Entwicklung außer Acht gelassen.

Es ist erwähnenswert, dass das Denkmuster der modernen Wissenschaft auf absoluter rationaler Überlegenheit gründet, selbst über jeden metaphysischen Denkansatz. Daher kommt es, dass heutzutage in der Zeit der Maschinen, die Menschen ebenfalls als eine Art Maschine betrachtet werden.

Der Mensch wird gleichgestellt mit leblosen Dingen und so ist hier immer die Rede von der Personalentwicklung (Human Resource Development) und nicht der Entwicklung des Menschen an sich, dass dieser sich selbst weiter entwickelt.

Das Konzept der Personalentwicklung (Human Ressource Development) gibt dem Menschen in seiner Philosophie keinen besseren Stellenwert als eine andere natürliche Ressource, welche oft ausgeraubt werden für den Ausbeuter. So ist der Mensch als Wesen.

Wie auch immer, es gibt einen grundlegenden Unterschied zwischen der Ausbeutung von den natürlichen und den menschlichen Ressourcen. Die Ausbeutung der natürlichen Ressourcen findet einheitlich statt, um der Menschheit im Ganzen einen Nutzen zu bringen. Aber wenn es menschliche Wesen betrifft, werden die Armen und Schwachen durch die Mächtigen und Reichen ausgebeutet, durch ein systematisches und komplexes Machtgefälle bzw. mittels einer Beziehung/Abhängigkeit die eigens durch die letzteren dafür geschaffen wird.

So beschäftigen sich die Veden gleichermaßen mit dem sanskāra des menschlichen Wesens, als auch mit dem der materiellen Dinge, um die Technologie zu entwickeln, die der Menschheit einen gesamtumfassenden Vorteil ermöglicht.

Vedische Seher haben das menschliche Wesen nie als Ressource oder Mittel angesehen, nur als das Ende bzw. Ziel. Denn alles zielt darauf ab, dass das (spirituelle) menschliche Wesen sich entwickelt und erhebt.

Das Werk **Vaiśeṣika** von Kaṇāda beschäftigt sich mit der Physik und Metaphysik des existierenden Universums auf eine elegante Art und Weise. Es erklärt und beschreibt die guṇa-dharmas (Eigenschaften) der neun wesentlichen Bestandteile des existierenden Universums, welche dravyas genannt werden.

Hier nach:

पृथिव्यापस्तेजो वायुराकाशं कालो दिगात्मा मन इति द्रव्याणि ।

Pṛthivī (fest), Āpaḥ (flüssig), Teja (Hitze und Licht), Vāyu (Luft, Vitalität), Ākāśa (Raum), Kāla (Zeit), Dik (Space), Ātmā (Seele) and Mana (Geist) werden als die Dravyas (Substanzen) bezeichnet.

Das **Nyāya** von Gautama beschäftigt sich mit Untersuchungsmethoden. Es lehrt alle Methoden und Techniken, durch welche ein menschliches Wesen Wissen über materielle Dinge, den Kosmos und Brahman erlangen kann.

Das **Vedānta** von Vyasa beschäftigt sich mit dem Höchsten, welches Brahman genannt ist, was die nimitta kāraṇa (effiziente Ursache) für die gesamte Schöpfung ist und ebenso auch der Verwalter des Universums in seinem manifestierten und unmanifestierten Zustand. Das gesamte Universum ist durch verschiedene Regeln verwaltet, welche nichts anderes als der Wille von Brahman sind. Dieser Wille von Brahman wird auch als vereinheitlichte Gesetzmäßigkeit beschrieben bzw. Rta genannt, welche im existierenden Universum in verschiedenen Formen auftritt.

Das **Sāṅkhaya** von Kapila beschäftigt sich mit der Verkörperung und Entkörperung der individuellen Seele. Auch beschäftigt es sich mit dem Prozess von der Schöpfung der materiellen und immateriellen Welt.

Zu guter Letzt ist **Yoga** eine Wissenschaft von der Modifikation der Psyche. Wie ein Leitfaden stellt es Werkzeuge und Techniken bereit, die uns zeigen, wie wir den menschlichen Geist modifizieren können, um ein individuelles Wesen zur Göttlichkeit zu erheben.

Es enthüllt das Geheimnis des Lebens, Todes und von moksa. Ebenso wie die physischen Wissenschaften und Technologien mit kinetischer und potentieller Energie involviert sind um ihre beschriebenen Operationen durchzuführen, braucht gleichermaßen die Wissenschaft von der Modifikation der Psyche und māntrika Technologie, welche im alten Indien entwickelt wurde, das Bhāvanā Sanskāra bzw. psychische Energie. Diese hat die moderne Wissenschaft in der menschlichen Natur nie als „real" angesehen.

Māntrika, das Yogadarśana unterrichtet uns, wie wir diese psychische Energie konzentrieren können, um diese zu nutzen, um die verschiedensten siddhis bzw. göttlichen Kräfte ohne Anhaftung zu erreichen. Yoga ermöglicht es uns, unsere mentalen Funktionen zu beherrschen, indem wir erkennen wie diese funktionieren und dann ihr volles Potential entwickeln. Daher ist hier eine lange Reise der Disziplin und Hingabe, ohne Abkürzungen, zu bestreiten, um die Erleuchtung bzw. Selbst-Realisation zu erreichen.

Die Yoga-Tradition

Das Yoga und Sāṅkhya System sind Zwillings Śāstras, was durch die Bhagvadgītā bekannt ist. Wenn das eine die Theorie ist, dann ist das andere der komplementäre praktische Aspekt. Die Tradition des Yoga und Sāṅkhya ist sehr alt. Sie nahm ihren Anfang zur Zeit der Veden und entwickelte sich als separate Schule zum Ende der Upanischaden. In der Bhagvadgītā finden wir die Erwähnung der uralten Tradition(en) der Schulen. Demnach war die Sāṅkhya-Tradition am Ende des Satyayuga von Vaivasvantara Manvantara vorherrschend.

Ich zitiere hier den śloka aus der Bhagvadgītā, welcher etwas Aufschluss über die uralte Sāṅkhya-Tradition gibt:

पञ्चैतानि महाबाहो कारणानि निबोध मे |

साङ्ख्ये कृतान्ते प्रोक्तानि सिद्धये सर्वकर्मणाम् || 18.13||

pañchaitāni mahā-bāho kāraṇāni nibodha me

sāṅkhye kṛitānte proktāni siddhaye sarva-karmaṇām

Lerne von mir, oh Arjuna, die fünf ursächlichen Faktoren für die Geburt von allem, wie es in den Sāṅkhya Lehre am Ende des Satyayuga beschrieben wurde. Diese spielen eine hauptsächliche Rolle, um alle Handlungen/Arbeiten zu vollbringen. Dies heißt, es kann keine Handlung vollendet werden, wenn auch nur einer dieser fünf ursächlichen Faktoren fehlt.

Der oben genannte Verse aus der Bhagvadgītā sagt klar aus, dass das Sāṅkhya System vorherrschend war und zwar am Ende des Satyayuga von Vaivasvata Manvantara.

Wenn wir dies als erstes Satyayuga von Vaivasvata

Manvāntara annehmen, ist die Zeitspanne dieser Tradition 117485122 Jahre; wenn nun dasselbe als das 28te Satyayuga erachtet wird, dann ist die Tradition so alt wie eine Epoche die vor 216,5108 Jahren war.

Hier wäre es angebracht zu erwähnen, dass Maharṣi Patañjali der letzte Verbreiter dieser Tradition ist und nicht der Erste, wie es oft spekuliert wird. Auch ist der Maharṣi Patañjali, welcher mit der Tradition des Yoga in Verbindung gebracht wird ein anderer, als der Patañjali, welcher das Mahābhāṣya geschrieben hat. Der Patañjali der Yoga Tradition ist bei weitem älter, als das Mahābhārata (3102 v. Chr.). Selbst das bhaṣyakāra Vyāsa scheint älter zu sein als der Zeitraum des Mahābhārata.

Der Kommentar von Vyāsa's zu den Veden zeigt, dass dieser ein großer Yogī war, welcher praktisch die komplette yogaśāstra realisiert hat.

Wie oben erwähnt ist Yoga eng artverwandt mit der Sāṅkhya Philosophie. Yoga ist der praktische Aspekt und Saṅkhya der theoretische Aspekt. Daher, sollten Sāṅkhya und Yoga als theoretischer und praktischer Aspekt desselben Systems verstanden werden.

Sāṅkhya beschäftigt sich mit der Wissenschaft über die Geburt / Verkörperung der Seele und Yoga ist die Wissenschaft um die verkörperte Seele wieder zu ihrer ursprünglichen körperlosen Natur zu führen, wie ein umgekehrter Prozess der Verkörperung.

Die Yogasūtras von Patañjali sind in vier Teile aufgeteilt, welche traditionell als 'Pādas' bezeichnet werden.

Das **erste Kapitel** wird **'Samādhi pāda'** genannt, und beschäftigt sich mit der Vorbereitung für die Selbst-Realisation. Das **zweite Kapitel** wird **Sādhana pāda** bezeichnet und beschäftigt sich mit den Hilfsmitteln zur

Realisation. Das **dritte Kapitel 'Vibhuti pāda'** beschäftigt sich mit den göttlichen Kräften, welche durch das Praktizieren der frühen Yoga Stufen erlangt werden. Das **letzte Kapitel**, **'Kaivalya pāda'** erklärt die Natur der Befreiung und die Realität des transzendenten Selbst.

Yoga ist eine ādhyātmic Wissenschaft (die sich in Bezug auf das Selbst oder die Seele bezieht, ein Vorgehen, wie man sich selbst in den Bezug zu seiner körperlichen und mentalen Ursachen setzt), welche uns auch Methoden aufzeigt, wie der menschliche Geist sich mit Brahman verbindet. Yoga ist die Wissenschaft, welche den Jīva (individuelle Seele) anleitet, wie dieser sich von der sagenhaften Welt der Sinneseindrücke bzw. Objekte entwirren kann und dieser sich dann mit dem Absoluten, welches die Attribute hat die 'Paramānanda' genannt werden, unendliches Wissen, ungebrochene Freude und ewiges Leben, in Bezug zu setzen.

Maharṣi Patañjali definiert im zweiten sūtra des 'Samādhipāda' Yoga als:-

योगश्चित्तवृत्ति निरोधः ।। 1.2 ।।

Yoga ist das zurückziehen des Geistes von den Objekten der externen Welt.

Es ist wert zu erwähnen, dass wenn wir diesen sūtra korrekt verstehen, insbesondere was hier den 'Geist' anbelangt, sind wir in der Lage zu begreifen, was mit dem Begriff des Yoga durchweg in Patañjali's Werk gemeint ist.

Nach der Etymologie kommt das Wort Yoga von der Sanskrit Wurzel yuj 'samādhau' was so viel bedeutet wie 'etwas verbinden'. Die zwei Dinge welche hier angestrebt werden durch die Yoga Praxis zu verbinden, wurden schon in den oberen Passagen erwähnt.

Wie wir bereits wissen ist Yoga definiert als das

Zurückziehen des Geistes von der externen Welt. Dieses Zurückziehen geschieht durch die Praxis der Yoga Methoden und der Verhaftungslosigkeit zu den Objekten der sichtbaren Welt. Das ist wichtig, weil das Anhaften bzw. die Begierde von materiellen Objekten eine direkte Folge von Ignoranz ist. Yoga ermöglicht uns die ultimative Realität anzuerkennen, welche sich hinter dem Physischen befindet.

Das Wort 'chitta' (चित्त) kommt von der Sanskrit Wurzel cit / citi (चिति). Hier meint chitta den Geist, welcher voller Informationen der sichtbaren Welt ist. Diese Informationen werden im Geist in Form von sanskāras hinterlegt. Der Geist hat viele Dimensionen, welche als mana, buddhi und ahaṅkāra bekannt sind. Da Chitta voller Informationen der externen Welt ist, ist hier der Geist immer unbeständig und sprunghaft. Das Ziel von Yoga ist es, den chitta (Geist) von seinen Informationen der externen Welt zu bereinigen, dass der Geist sich niederlassen kann und aufhört sich mit dem physischen Körper zu identifizieren, welcher ein Teil der materiellen Welt ist.

Oder um es anders zu sagen, ist chitta der konditionierte Geist und das Ziel von Yoga ist es den Geist zu dekonditionieren. Bemühungen sind von Nöten, dass das Licht von puruṣa auf chitta reflektiert wird, aber dafür müssen seine Modifikationen gezügelt werden. Mit den Informationen der externen Welt modifiziert sich der Geist in verschiedener Art und Weise. Diese Modifikationen werden vrttis genannt. Die Modifikationen von chitta sind von fünf Arten- "प्रमाणविपर्ययविकल्पनिद्रास्मृतयः" (Abbildung 1).

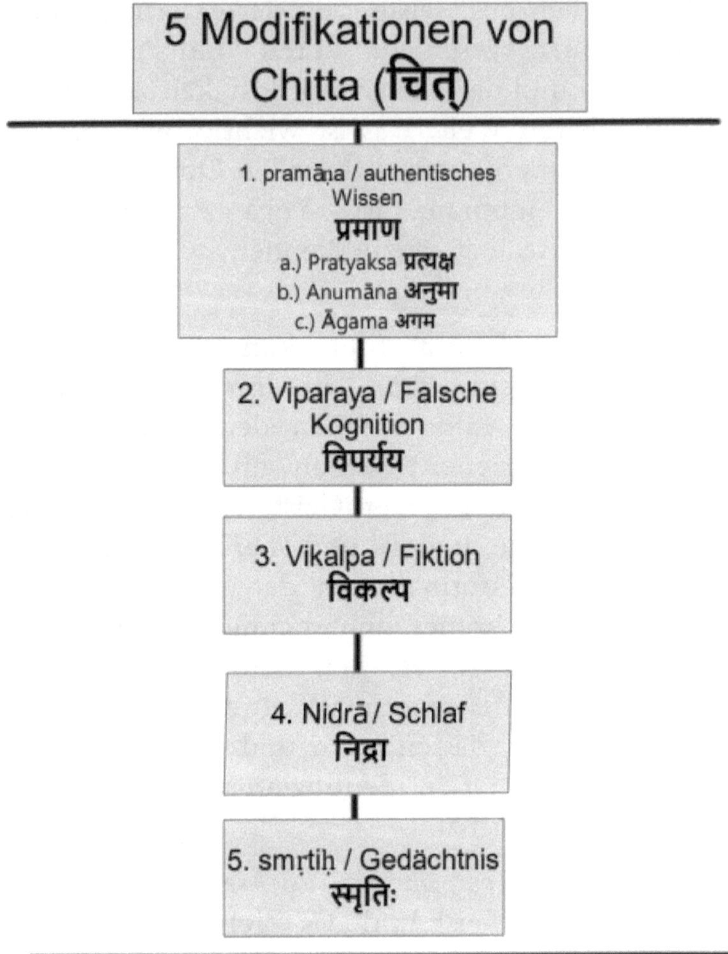

Abbildung 1, 5 Modifikationen von Chitta.

1. Pramāṇa ist die korrekte Kognition / authentisches Wissen / Erkennen.

2. Viparyaya ist falsche Kognition / Erkennen.

3. Vikalpa ist die verbale Kognition der Einbildung.

4. Nidra ist Schlaf oder die Abwesenheit von Kognition.

5. Smṛti ist das Gedächtnis.

1. **Pramāṇa vṛtti** ist von dreierlei Art:

(a) **Pratyakṣa Wahrnehmung** — Pratyakṣa vṛtti bzw. Wahrnehmung findet statt, wenn chitta durch die Sinnesorgane in Kontakt mit den externen Objekten kommt.

(b) **Anumāna** / Schlussfolgerung — Resultiert daraus, dass durch ein vorheriges Wissen über ein Objekt und dessen Attributen eine Konklusion erzielt wurde. Wenn diese Konklusion / Ergebnis wieder teilweise erkannt wird, kann auf das Objekt / Wissen dazu geschlussfolgert werden und es so ergänzt werden. Beispielsweise, wenn du das Feuer und den Rauch zusammen gesehen hast und nun siehst wie Rauch aus irgendeinem Ort emporsteigt, kannst du eine direkte Schlussfolgerung ziehen, dass hier auch Feuer vorhanden sein muss.

(c) **Āgama** bzw. Zeugnis der Śāstra (Text, welcher von einem Ṛṣi komponiert wurde) —'Aptavākya' ist das Zeugnis. Ein Ṛṣi ist ein Apta (आप्त पुरुष). Das was durch die Veden und Śāstras verifiziert ist, ist durch das, was in den Veden enthalten ist gegründet auf die allerhöchste Bezeugung.

2 **Viparyaya** — Viparyaya vṛtti des Geistes entwickelt sich aus der falschen Information heraus, bzw. aus einer Information, die nicht im Einklang mit der Sache ist, so wie sie (wirklich) ist und somit nicht in der Lage ist die wahre Natur eines Konzeptes, einer Sache oder eines Objekts im Außen zu erklären. Das viparyaya ist im Yoga darśana definiert als "विपर्ययोमिथ्याज्ञानमतद्रूपप्रतिष्ठतम्".

3 **Vikalpa** — Vikalpa vrtti kommt auf der Basis von verbaler Information zustande, wenn der

eigentliche Inhalt nicht bekannt ist. (शब्दज्ञानानुपाती वस्तुशून्योविकल्पः) Als Beispiel, 'die Hörner eines Hasen', 'der Sohn einer unfruchtbaren Frau', 'ein Lotus im Himmel', etc.

4 Nidra / Schlaf — Die Abwesenheit von Bewusstheit im Geist ist als nidra vrrti (Schlafzustand des Geistes) bekannt. Patanjali sagt hierzu 'अभावप्रत्ययालम्बानावृत्तिर्निद्रा'.

5 Smṛti / Gedächtnis — Patañjali definiert Smṛti (Gedächtnis) als 'अनुभूतविषयासंप्रमोषः स्मृतिः', wenn jeweils das Wahrgenommene, Erfahrene, oder ein realisierter Fakt oder ein Ding nicht vergessen wird, wird es smṛti vṛtti (der Gedächtniszustand des Geistes) genannt. Das Gedächtnis ist ein nicht Vergessen der wahrgenommenen/erfahrenen oder realisierten Objekte. Hier ist das Wort ‚nicht vergessen' sehr wichtig. Es deutet auf die Erwünschtheit eines selektiven Gedächtnisses hin. Die Definition von Patañjali in der Yoga Philosophie von dem Gedächtnis, das heißt des ‚Nicht Vergessens' von Wissen das erfahren wurde oder eines Faktes, zeigt ganz deutlich, dass das Gedächtnis daraus besteht, etwas abzurufen / eine frühere Erfahrung zu erinnern, welche im Geist als sanskāra kodiert wurde. Es beinhaltet das Aufrechterhalten und das wieder Abrufen einer Erfahrung.

Um es zu ermöglichen, dass der Geist sich selbst modifiziert, ist es nötig, dass der Geist sich zurückzieht von den Objekten der materiellen Welt. Nach Patañjali kann dies durch Abhyāsa (Konstante Bemühungen/beständige Praxis) und vairāgya (Verhaftungslosigkeit gegenüber den Objekten der alltäglichen Welt (externe Welt)) erreicht werden und so der Geist von der sichtbaren Welt zurückgezogen werden 'अभ्यासवैसन्याभ्यां तन्निरोधः'.

Bemühungen um den Geist zu stabilisieren werden Abhyāsa genannt.

Vairāgya ist von zweierlei Art.

Vaśīkāra: Die erste Art nennt sich Vaśīkāra von vairāgya. Frei von einem Wunsch für die weltlichen Objekte die direkt gesehen oder genossen werden und auch für diese, welche von anderen einmal gehört wurden oder in der Śāstras erwähnt wurden, nennt sich dies Vaśīkāra vairāgya. Die Vaśīkāra Art von vairāgya ist eine niedrige Art von vairāgya 'दृष्टानुश्रविकविषयवितृष्णस्य वशीकारसंज्ञा वैराग्यम्'.

Para vairāgya: Die zweite Art von vairāgya nennt sich 'para vairāgya'. Para vairāgya, welche höher ist als die Vaśīkāra Art von vairāgya, wird erlangt indem man die wahre Natur des Selbsts realisiert. Es nennt sich dann Guṇa vaitṛṣṇya vairāgya.

तत्परं पुरुषख्यातेर्गुणवैतृष्ण्यम् ॥ 1.16 ॥

Hindernisse in Yoga: Zerstreuungen des Geistes

Yoga ist die Hemmung der Modifikationen des Geistes. Wenn die Hemmung der Modifikationen des Geistes verwirklicht ist, dann identifiziert sich der Sucher mit seiner wahren Natur. Sind die Modifikationen des Geistes nicht gehemmt, kann der Sucher sich nicht mit seiner wahren Natur identifizieren. Der Sucher identifiziert sich nämlich dann mit einem bestimmten vṛtti (Modifikation). Die Modifikation des Geistes ist fünffach und kann schmerzhaft sein oder nicht. Zusätzlich können die neun Hindernisse/Zerstreuungen auftreten.

Maharṣi Patañjali sagt, ततः प्रत्यवचेतनाधिगमो·प्यन्तरायाभावश्च ।. Die Hindernisse werden dem Praktizierenden nicht erlauben, in seiner Praxis fortzuschreiten. Die neun Hindernisse, welche eine Zerstreuung des Geistes hervorrufen, sind namentlich Krankheit, Schwäche/Mattigkeit, Zweifel, Nachlässigkeit, Faulheit/Trägheit, weltliches Denken (bezogen auf die externen Objekte etc.), Täuschung, nicht erreichen einer Stufe im Yoga und Unbeständigkeit (Abbildung 2).

'व्याधिरत्यानसंशयप्रमादालस्याविरतिभ्रान्तिदर्शनलब्धभूमिकत्वानवस्थितत्वानि चित्तविक्षेपास्ते·न्तरायाः'.

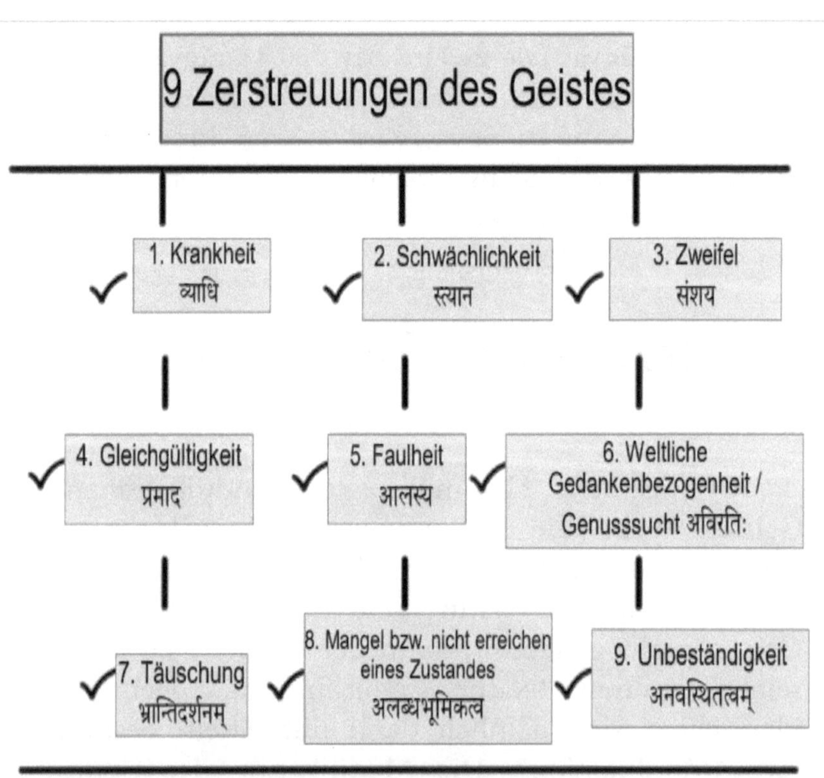

Abbildung 2, Hindernisse/Zerstreuungen im Yoga.

Nun gehen wir Schritt für Schritt die Hindernisse nacheinander durch:

व्याधिः Vyadhi (Krankheit): Die physische Krankheit entsteht durch das Ungleichgewicht bzw. die Störung in den drei dosas, namentlich vāta, pitta und kapha. Die mentale Krankheit wiederum entsteht durch ein Ungleichgewicht der drei Gunas, namentlich Sattva, Rajas and Tamas (Abbildung 3). Die Krankheit, egal ob mental oder körperlich macht es dem Sucher schwer, in seinem Sādhanā (Praxis/Bemühungen) voranzuschreiten. Daher ist eine vollkommene Gesundheit essentiell für den Yogaweg. Die Hindernisse können durch ungeregelte Mahlzeiten, Mangelernährung, spätes ins Bett gehen, Verlust von Zeugungsenergie, etc. entstehen. Diese Hindernisse können durch die Praxis von Āsanas, Prāṇāyama, Meditation, Kriyas, Bandhas, Anpassung der Diät (Nahrung), Fasten, Sonnenbaden, ausreichende Ruhe/Erholung etc., behoben werden.

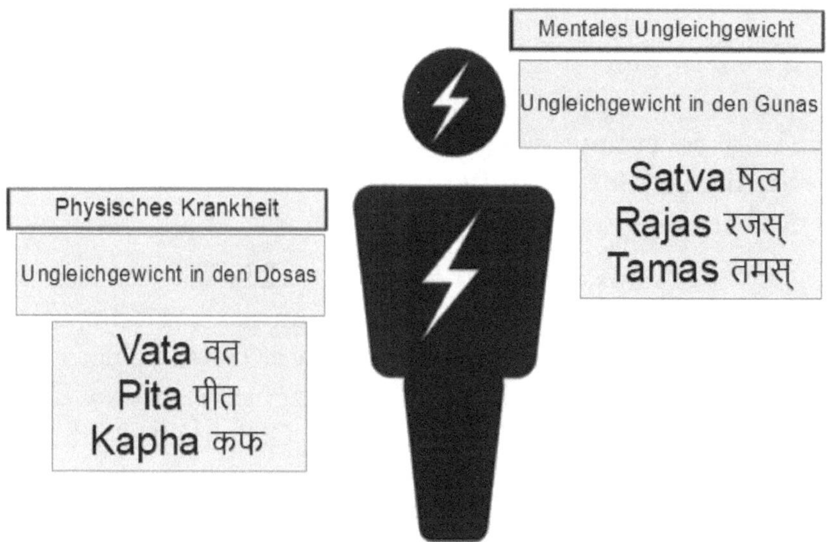

Abbildung 2 Ursachen von Krankheiten.

स्त्यान Styāna (Schwächlichkeit): Auf diesem Level ist der Sadhaka (Sucher) nicht geeignet um jegliche Art von Praxis zu absolvieren, wegen eines Defekts in der prāṇamaya koṣa, der wiederum eine mangelhafte Versorgung von den vitalen Kräften im physischen Körper nach sich zieht. Das genannte Hindernis steht dem Geist ebenfalls beim Fortschritt des Sadhanas im Weg. Dieses Hindernis kann durch das Praktizieren von Āsanas und Prāṇāyama Überwunden werden.

संशयः Samsaya (Zweifel): Ein Zweifel äußert sich indem man sich unsicher ist, ob etwas dieses oder jenes ist. Verschiedenste Zweifel tauchen im Geist des Sādhaka's auf, zum Beispiel, ob es wirklich eine (höhere) Realität gibt, die realisiert werden kann, oder ob der Sucher nur eine Illusion verfolgt? Sind die Methoden, die der Sucher benutzt wirklich effektiv? Ist der Sucher überhaupt in der Lage alle Hindernisse zu bewältigen und das Ziel zu erreichen? etc.

Ja, solche unentschlossenen Feststellungen sind Zweifel, welche gänzlich ausgemerzt und ausgeräumt werden können durch korrektes Wissen, viveka (Unterscheidung), vichara (Verhaftungslosigkeit), das Studieren der Schriften, sowie durch Satsaṅga mit Mahātmas.

प्रमाद Pramāda (Gleichgültigkeit): Dies ist ein weiteres Hindernis, welches vielen Aspiranten das yogische Leben vorenthält. Es hat den Effekt, den Geist schläfrig zu machen und untergräbt so die Konzentration des Geistes. Auf dem Feld des Yogas ist diese Gleichgültigkeit bzw. Nachlässigkeit nicht nur ein Hindernis, sondern auch eine große Gefahr. Dieses Hindernis kann überwunden werden, indem man sich auf das richtige Wissen, das Studieren der Schriften (Śāstras), Viveka

(Unterscheidungskraft) konzentriert, sowie seine kostbare Zeit mit edel denkenden Gelehrten verbringt, etc.

आलस्य Ālasya (Faulheit/Bequemlichkeit): Dieses Hindernis kann auch die Verfassung des Geistes zerstreuen. Dies ist eine schlechte mentale Angewohnheit, welche Zuneigung zu Bequemlichkeit zeigt und zur Tendenz neigt, Anstrengung zu vermeiden. Schwachheit, das erste genannte Hindernis, ist lediglich ein purer physischer Defekt, wohingegen Faulheit generell von einem rein psychischen Ursprung herrührt. Diese Faulheit kann beseitigt werden, indem gute Gewohnheiten entwickelt werden; eine lange anhaltende Disziplin, bei welcher harte und schwierige Aufgaben gelöst werden, ist der Zweck, welcher benötigt wird, um aus dieser gefährlichen Situation heraus zu kommen.

अविरतिः Aviratihi (weltliche Gedankenbezogenheit /Genusssucht):

Dieses Hindernis ist eine ernstzunehmende Ursache der Zerstreuung des Geistes. Avirati ist die Tendenz des Geistes, welcher unaufhörlich durch Anhaftung leidenschaftlich nach dem einen oder anderen sinnlichen Vergnügen strebt. Dieses Hindernis wird durch Vairāgya (Verhaftungslosigkeit) überwunden, welche praktiziert wird, indem die Mängel der weltlichen Objekte und des weltlichen Lebens betrachtet werden, wie zum Beispiel die Unbeständigkeit, Krankheit, das Alter, Not und Jammer (Elend), Tod, etc. Zudem kann dieses Hindernis dauerhaft vermieden werden, durch konstantes Satsaṅga (Zusammensein) mit leidenschaftslosen Mahātmas und durch das Studieren von Büchern über das Thema Vairāgya (Verhaftungslosigkeit).

Anmerkung zur deutschen Übersetzung: Das Wort Leidenschaft besteht an sich aus ‚Leiden‘ und ‚schaft‘.

Wenn wir von Hobbys sprechen oder was jemand gerne tut, sind es immer unsere ‚Leidenschaften'. Von der wörtlichen Bedeutung her wäre es hier, sich mit dem zu identifizieren, was Leiden schafft, also kreiert. Dies wären die Modifikationen des Geistes, da hier versucht wird, sich **scheinbar** mit etwas anderem als seiner grundlegenden Natur zu identifizieren. Leidenschaftslos bedeutet in diesem Bezug nicht, dass man auf nichts Lust hat, sondern einfach, dass man klar unterscheiden und dadurch verstehen kann, wie die Natur von dem was ist, scheinbar projiziert wird. Siehe hierfür auch die Grundursache in Sūtra 4.22, was avidyā ermöglicht.

भ्रान्तिदर्शनम् Bhrantidarsanam (Täuschung): Dies bedeutet zum Beispiel etwas Unerwünschtes (etwas für die Befreiung nicht Förderliches, eine Überlagerung des Selbst, Formen) als das höchstes Gut anzusehen, was der Täuschung geschuldet ist. Dieses Hindernis entsteht durch Mangel an Intelligenz und Unterscheidungskraft.

अलब्धभूमिकत्व alabdhabhumikatva (Mangel bzw. nicht erreichen eines yogischen Zustandes) Level: Dieses Hindernis führt den Sucher fernab des richtigen Weges, weg von Samādhi. Die Anziehungskraft/Verlockung von göttlichen Kräften hält den Sucher davon fern, den yogischen Zustand zu erreichen. Dieses Hindernis kann überwunden werden, indem man eine immer größer werdende Verhaftungslosigkeit kultiviert, sowie eine konstante und intensive Praxis in der Abgeschiedenheit ausübt.

अनवस्थितत्वम् anavasthitatvaṃ (Unbeständigkeit): Unbeständigkeit ist die Wechselhaftigkeit des Geistes, welche es dem Yogi verwehrt im Zustand des Samādhi zu sein, auch wenn er es mit großer Schwierigkeit erreicht hat. In der Tat ist die Genusssucht der sichtbaren

Welt ein mächtiger Bewohner und Verursacher der Unbeständigkeit des Geistes, welcher wiederum Instabilität bringt.

Schmerz, Nervosität und abruptes/unregelmäßiges Atmen sind die Symptome eines Geistes, welcher sich in einem zerstreuten Zustand befindet.

Maharṣi Patañjali (1.31) sagt-

दुःखदौर्मानस्याङ्गमेजयत्वश्वासप्रश्वासाविक्षेपसहभुवः

Schmerz führt zu Unbehagen in Bezug auf Körper und Geist. Schmerz mit dem Augenmerk auf Unfähigkeit und Unvermögen gerichtet, führt zu Verzweiflung, diese wiederum zu Nervosität. Verzweiflung ist sozusagen die Unbeständigkeit des Geistes, welche durch das Nichterfüllen von irgendwelchen Wünschen hervorgerufen wird. Wenn der Geist zerstreut ist, ist das Ein- und Ausatmen nicht in einem normalen Verhältnis, weil eine Disharmonie im Fluss des pranischen Stromes herrscht.

Um diese Hindernisse zu entfernen, sollte Meditation auf das eine Prinzip bzw. die ewige Realität ausgeübt werden.

Maharṣi Patañjali (1.32) sagt: तत्प्रतिषेधार्थमेकतत्त्वाभ्यासः ।

Durch die Intensive Konzentration auf die wahre Realität (Selbst/das Göttliche) wird verhindert, dass die oben genannten Gefolgschaften der Zerstreuung folgen. Das Ziel ist hier offenkundig die Umkehr der Tendenz des Geistes, konstant nach einer Vielzahl von Objekten in der äußeren Welt zu jagen, um die Fähigkeit zu entwickeln, konstant das Ziel im Reich des Bewusstseins zu verfolgen. Eine perfekte Kontrolle des Geistes und den Indriyas (Sinne) ist von Nöten, um diese Zerstreuung komplett zu beseitigen. Die Praxis des Trāṭaka Kriya – des beständigen Starrens auf einen bestimmten Punkt (Abbildung 4) ist eine effektive Übung um Viksepa, die Zerstreuung des Geistes zu entfernen.

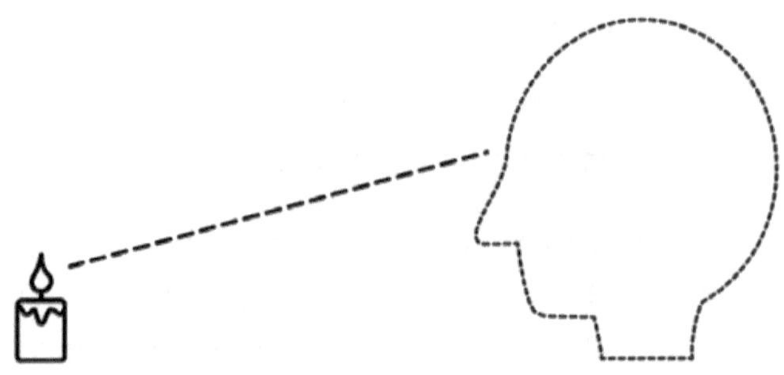

Abbildung 3, Beispiel von Trataka Kriya.

Wenn leichte Schwierigkeiten auftauchen, höre nicht mit der Praxis auf. Finde in diesem Falle dann die passenden Mittel, um die Hindernisse zu überwinden. Klettere weiter hinauf, bis du den höchsten Asamprajñāta Samādhi erreichst.

Erfolg ist daran gebunden, dass du aufrichtig, ernst und stetig deinen Sādhanā (Praxis) betreibst. Habe ein vollkommenes Vertrauen in Gott und sei beständig in deinem Sādhanā. Wenn der Seher sich mit seiner eigenen (wahren) Natur identifiziert, können solche Hindernisse nicht auftauchen. Die Hindernisse werden bald durch das Wiederholen von AUM प्रणवः, (Abbildung 5), Hingabe zu Gott und die wiederholte Praxis in Konzentration und Meditation überwunden.

Abbildung 4, AUM/OM.

Konzept von Iśvara in der Yoga Philosophie

Maharṣi Patañjali ist die letzte Person in der Tradition des Yoga Systems. Yoga ist eng vertraut mit der Sāṅkhya Philosophie. Yoga bedeutet Karma (Spirituelles Handeln für die Befreiung einer verkörperten Seele), Sāṅkhya bedeutet jñāna (Wissen bzw. Information über die verkörperte Seele, welches zur Befreiung verhelfen kann). Sāṅkhya ist die Theorie und Yoga die Praxis. (Abbildung 6). Sāṅkhya und Yoga können auch als die theoretischen und praktischen Aspekte ein und desselben Systems angesehen werden. Es zeigt den praktischen Weg und wenn dieser befolgt wird, erlangt man Viveka-khyāti (die wahre Identität der Seele), was allein zur Befreiung führt. Yoga ist definiert als das Zurückziehen von chitta (योगश्चित्तवृत्तिनिरोधः).

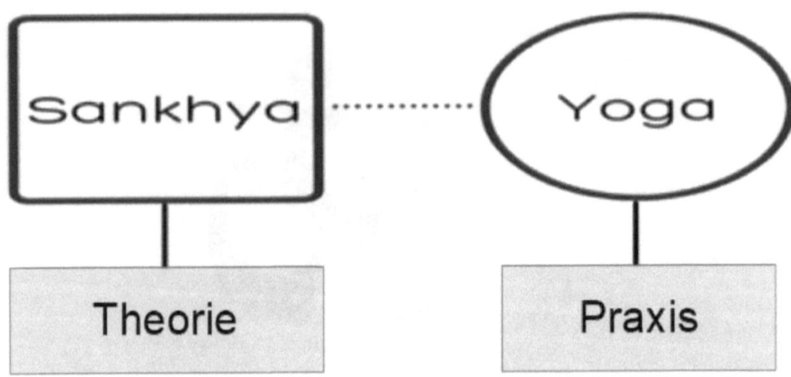

Abbildung 6, Die theoretische und praktische Seite von einem und denselben System.

Die Unterdrückung der Modifikationen des Geistes kann durch konstante Praxis und Verhaftungslosigkeit erreicht werden (अभ्यासवैराग्याभ्यां तन्निरोधः).

Dieses Zurückziehen des Geistes von den Objekten der externen Welt durch Meditation oder Konzentration wird auch Yoga genannt (योगः समाधिः Yoga Samādhi).

Während Maharṣi Patañjali Samādhi im Samādhi Pāda erklärt, zitiert dieser 'ईश्वरप्रणिधानाद्वा' (Iśvara-Praṇidhāna), das Zurückziehen des Geistes und das Erlangen von Samādhi ist auch dadurch möglich, einem anderen Weg zu folgen, das heißt durch die Hingabe zu Gott. Hierbei ist dann Iśvara der oberste Herrscher von Brahmāṇḍa. Es ist er, warum die Brahmāṇḍa lebt, sich bewegt, und sein Dasein hat. Die verschiedenen Planeten, das Universum sind alles sein Körper und seine Kräfte arbeiten als die Maschinerie des Universums. Kurzum, er ist die (wahre) Realität, welche wir generell als Gott bezeichnen. Hier ist Iśvara (ईश्वर) ein spezifisches Zentrum von göttlichem Bewusstsein, welches unberührt von den Leiden des Lebens, Handlungen und deren Ergebnisse, sowie von den Eindrücken, welche dadurch produziert werden, ist.

Maharṣi Patañjali (1.24) sagt –

'क्लेशकर्मविपाकाशयैरपरामृष्टःपुरूषविशेष ईश्वरः'.

In ihm ist die unendliche Quelle des Wissens (तत्र निरतिशयं सर्वज्ञबीजम-योग. 1.25) Dieser Iśvara ist der Ādi-Guru (erste Lehrer), welcher nicht der Zeit unterworfen ist. Aber unsere uralten Lehrer waren von der Zeit betroffen. Der Fundus/Die Quelle des Wissens und der Macht befindet sich in Iśvara. Kein spiritueller Prozess ist ohne die Hilfe eines Gurus möglich. Der Guru ist erforderlich, um die spirituelle Kraft zu erwecken. Der Guru, welcher den Schleier für den Sucher entfernt, es diesen ermöglicht die Hindernisse zu überwinden und Licht auf dessen Weg wirft, welcher allwissend und transzendal existiert und die Vergangenheit, Gegenwart und Zukunft und unabhängig von Allem ist. Die Silbe 'OM' bezieht sich auf Ihn (Iśvara). Maharishi Patañjali (1.27) sagt 'तस्य वाचकः प्रणवः'. Die physische Vibration von 'OM' ist die ursprüngliche Vibration der Schöpfung. 'OM' ist Alles. Die Silbe 'OM' ist der am passendsten Name für das höchste Selbst. So wie ein Mann erfreut darüber ist, einen Namen zu hören welcher ihm sehr vertraut und nah ist, so ist Gott auch erfreut, wenn der Name 'OM' für ihn benutzt wird. Praṇava ist unveränderlich, ewig und immer neu, 'OM' ist die höchste Blume oder Darbringung an den Schöpfer (Gott/Iśvara). Der Sucher/Aspirant erlangt einen einpünktigen Geist, eine innere Fülle, durch die Wiederholung von 'OM'. Durch die Gunst von Iśvara, wird der Yogi keine Krankheit (mehr) bekommen. Die göttliche Gnade wird kommen, wenn 'OM' wiederholt wird und konzentriert auf Ihn meditiert (seiner Bedeutung) wird. Japa mit 'OM' kehrt den Geist nach innen und entfernt alle physischen und mentalen Hindernisse. Durch 'OM' entsteht das Erkennen der individuellen Seele. Weil 'OM' und Iśvara untrennbar sind, heißt es, dass wenn man mit dem Geist auf 'OM' meditiert, dies gleichbedeutend damit ist, auf Ihn, Iśvara, zu meditieren. Das Japa mit 'OM' ist das Erkennen von Iśvara.

Um es zusammenzufassen, die göttliche Macht, von der im Yoga die Rede ist, ist Erschaffer, Erhalter und Zerstörer dieser Welt. Er ist nicht die Seele im generellen Sinn, aber ein spezifisches Wesen welches 'Puruṣa Viśeṣa' genannt wird.

Im direkten Sinne hat Iśvara nichts zu tun mit der Gebundenheit und der Befreiung von den 'Puruṣas' (Seelen), da diese frei sind zu handeln durch ihr eigenes Ermessen. Iśvara ist kein strafender oder belohnender Gott, da dies auch bedeuten würde er wäre nicht allmächtig, da er von Rückkopplung des Feldes beeinflusst werden könnte. Er ist allmächtig, was bedeutet, ohne Hilfe kann er diese scheinbare Schöpfung bewerkstelligen.

Anziehungskraft der sichtbaren Welt bindet und die Identifikation mit der wahren Natur befreit die Seele. Mit der Separation von Purusa von Prakrti endet das menschliche Leben, aus dieser Separation folgt die Vereinigung mit Gott.

Methoden welche durch Maharṣi Patañjali empfohlen werden, um eine Beständigkeit des Geistes zu bekommen

Obwohl der Geist eins ist, kann es als ein komplexes System, welches verschiedene Dimensionen hat verstanden werden, wie etwa Chitta oder Ahaṅkāra, wie wir zuvor gesehen haben. Er durchläuft viele Zustände, da er aus drei Qualitäten (Guṇas) besteht namentlich, Sattva, Rajas und Tamas. Alle diese Qualitäten kommen in einer Vielzahl von Kombinationen vor. Daher sind auch die Modifikationen oder Vṛttis des Geistes verschieden. Die Gemütsruhe (Śānta Vṛtti) ist ein Sāttvika Vṛtti. Begierde/Wollust ist ein Rājasika Vṛtti. Faulheit ist ein Tāmasika Vṛtti. Wut ist ein Ghora Vṛtti. Der Kampf im Inneren zwischen den Guṇas ist immerwährend, zwischen den guten Vṛttis und den bösen Vṛttis. Dies ist das innere Schlachtfeld der Suras und Asuras. Nur wenn der Geist absolut frei von Anhaftung jeglicher Art ist, kann das Wissen der Wahrheit dämmern. Das System des Yogas, welches durch Patañjali vertreten wird, ist eine uralte indische Lehre der Konzentration des Geistes, welches die widerstandsfähigen Muster wie etwa die der Zerstreuung und Konfusion bricht. Patañjali erkennt die Notwendigkeit für einen stillen, friedlichen und beständigen Geist. Er empfiehlt ein paar Techniken, welche den Geist stabilisieren. Lasst uns nun in Erfahrung bringen, was diese Techniken genau sind, welche von Maharṣi Patañjali erörtert wurden.

Der Geist wird klar, friedlich und beständig durch die Kultivierung der Eigenschaften von Freundlichkeit, Mitgefühl, Fröhlichkeit, Gleichgültigkeit gegenüber Glück und Unglück, Gewinn und Verlust, was als sāttvika Geist (Geisteszustand) bekannt ist.

Die größten Ursachen, welche einen unruhigen Geist verursachen, sind unkontrollierte Reaktionen auf unsere menschliche Umwelt, das Problem der Adaption etc. Konzentration kann nicht in dem Geist Einzug halten, welcher von Hass, Neid, Wut, etc. erfüllt ist. Freundlichkeit und Barmherzigkeit können Hass ausmerzen. Fröhlichkeit bzw. Zufriedenheit können Neid bzw. Eifersucht entfernen.

Barmherzigkeit erweicht das harte Herz und entfernt die raue und gemeine Natur eines Menschens. Bei dieser Praxis wird jegliche Art von Zorn, Egoismus, Hass und Neid verschwinden. Rajas und Tamas werden entfernt, der Geist wird von Sattva erfüllt. Die Unbeständigkeit des Geistes verschwindet so. Der Geist wird rein (/klar) und Konzentration wird sich dadurch einstellen. Es heißt im Yogadarśana (1.33):

मैत्रीकरुणामुदितोपेक्षाणां सुखदुःखपुण्यापुण्यविषयाणां
भावनातश्चित्तप्रसादनम् ।

Wenn der Geist nicht gereinigt bzw. gesäubert wird, dann wird das Nervensystem schwach, was wiederum zu einem gebrechlichen Körper führt. Verschiedenste Arten von nervlichen Unruhen sind dem gestörten Fluss der Prāṇa-Vitalität in der Prāṇamayakoṣa geschuldet. Diese Störungen bringen physische und mentale Rastlosigkeit mit sich, was wiederum Vikṣepa (Zerstreuung) verursacht. Daher hat Patanjali empfohlen, dass durch Ausatmung (Pranayama) und Anhalten des Atems die Beständigkeit des Geistes erreicht werden kann. Ein Geist, der durch eine entsprechende Konditionierung (z.B. Lotterleben) unbeständig ist, kann durch die Praxis der allseits bekannten Atemübungen, die der Klärung und Reinigung der nādis dienen, wie etwa Nāḍiśuddhi oder ähnliches zurechtgerückt werden.

Im 1.34 Sūtra des Samādhipāda sagt er dasselbe "प्रच्छर्दनविधारणाभ्यां वा प्राणस्य". Alle Vṛttis werden durch die Praxis von Prāṇayama beherrscht. Rajas und Tamas werden entfernt und Sattva wird ihren Platz vollständig übernehmen. Der Geist wird dadurch einpünktig werden. Im Körper macht sich eine Leichtigkeit breit. Der Geist wird ruhig werden. Eine andere Methode, welche von Maharṣi Patañjali empfohlen wird, um einen beständigen Geist zu erlangen, ist das Praktizieren von Konzentration (Abbildung 7) auf höhere Sinneswahrnehmungen, welche durch das Vergnügen der Sinne herbeigeführt wird. Indem er sich auf die Nasenspitze konzentriert, macht der Yogi die Erfahrung von 'Divya Gandha'; durch Konzentration auf die Zungenspitze schmeckt der Yogi 'Divya Essenz/Geschmack'; durch Konzentration auf den Gaumen erfährt der Yogi 'Divya Farbempfindungen'; bei der Konzentration auf die Mitte der Zunge erfährt der Yogi 'Divya Berührungen'; durch die Konzentration auf die Wurzel der Zunge erfährt er 'Divya Klänge'. Durch die Konzentration auf diese übernatürlichen Sinneswahrnehmungen bekommt der Yogi einen beständigen Geist.

Abbildung 5, Arten der Konzentration.

Diese Erfahrungen geben dem Yogi eine zweifelsfreie Ermutigung und dadurch bekommt dieser ein Vertrauen in Yoga. Als Ergebnis solch einer Praxis kann es sein, dass der Sādhaka beginnt unübliches Licht in sich zu sehen oder dass er einen absoluten Frieden und Ruhe erfährt. Diese Erfahrungen sind für sich selbst von keiner großen Bedeutung, können aber den Geist durch ihre Anziehungskraft bändigen und so allmählich die nötige Verinnerlichung von geistiger Beständigkeit hervorbringen. Es heißt - "विशोका वा जयोतिष्मती"

(Yogadarśana, 1.36). Dies ist eine andere Methode um Beständigkeit des Geistes zu erzeugen und diesen frei von weltlichen Anhaftungen zu machen. Maharṣi Patañjali sagt - "वीतरागविषयं वा चित्तम्". Ein Geist frei von Leidenschaften und Verhaftungen erlangt Beständigkeit. Konzentration auf das Wissen über Traum und Tiefschlaf bringt ebenfalls Beständigkeit des Geistes und Samādhi. Das Gleiche sagt er auch hier - "स्वप्ननिद्राज्ञानालम्बनं वा". Im Tiefschlaf, verlässt der jīvātmā den physischen Körper und beginnt durch das nächst subtilere Gefährt zu wirken. Dabei wird nur ein sehr eingeschränkter Kontakt mit dem Körper gehalten, damit dieser seine normalen physischen Aktivitäten fortsetzt. Doch der bewusste Geist wirkt tatsächlich im subtileren Gefährt. Durch spezielles Training ist es möglich, eine Erinnerung von Erfahrungen in das physische Gehirn zu bringen, welche man in den subtileren Welten svapna (Traum) und Nidrā (Schlaf) (entsprechend) erlebt hat. Dieses Training vorausgesetzt, ist das Gehirn in der Lage ohne jegliche Verzerrung mentale Bilder zu übertragen. Das Wissen, welches unter solchen Umständen erlangt wurde, ist verlässlich. Durch Konzentration auf solche Erfahrungen wird mit Gewissheit ein beständiger Geistes erlangt.

Kriya-Yoga / vorbereitendes Yoga

Aspiranten im Yoga können in drei Klassen eingeteilt werden:

1. Ārurukṣu (Mandas) — Einer der anstrebt emporzusteigen.

2. Yuñjāna (Madhyamas) — Einer der tatsächlich Yoga praktiziert.

3. Yogarūḍha (Uttamas) — Einer der Yoga (Einheit)

erlangt hat.

Der Yogarūḍha erlangt Yoga durch Abhyāsa und Vairāgya (Praxis und Wunschlosigkeit).

Ein Yuñjānas wiederum wird Yoga durch Kriyāyoga erlangen (vorbereitendes Yoga). Im zweiten Kapitel des Yogadarśana von Patañjali, gibt es eine Diskussion über Kriyāyoga.

Es heißt, "तपः स्वाध्यायेश्वरप्रणिधानानि क्रियायोगः" (Yoga, 2.1) Dies bedeutet: 'Tapas' (Askese/Disziplin), 'Svadhyaya' (studieren der Schriften) und 'Iśvara-Praṇidhāna' (Hingabe an Gott).

Unter den acht Gliedern des Yoga (Aṣṭāṅga Yoga) nennt sich das zweite Glied Niyama. Die fünf Praktiken, welche unter dem Titel 'Niyama' aufgezählt werden, sind 'Śaucha' und 'Santoṣa', zudem auch die drei 'Tapas' (in Bezug auf Geist, Sprache und Körper) 'Svādhyāya' und 'Iśvara-Praṇidhāna', welche hier nun erörtert werden.

Es gibt zwei Nutzen von Kriya-yoga:

1.) Es ermöglicht dem Yogī (auf dem Weg) fortzuschreiten, um Samādhi zu erlangen;

2.) Die Sorgen und Probleme völlig auszumerzen oder diese zu minimieren, welche als Kleśas (Geistesgifte) bekannt sind. Es heißt im Yogadarśana (2.2)- 'समाधिभावनार्थः क्लेशतनूकरणार्थश्च'.

Lasst uns daher nun hier die einzelnen Schritte des Kriya-yoga betrachten:-

i. Tapas

ii. Svādhyāya

iii. Iśvara Praṇidhāna

i. **Tapas (Askese/Disziplin/Umgang mit sich selbst und anderen)**

Bedeutet als Jiva in Bezug auf Gedanken, Worte und körperliche Handlungen, sowie gleichzeitig die wiederkehrenden Gegensätze im Leben, wie Hitze/Kälte, Hunger/Durst, etc. diese zu akzeptieren bzw. "auszuhalten")

Tapas ist die gesamte Vorbereitung, die notwendig ist, um Dharma im Kontext zu erfüllen bzw. zu erreichen (moralische und ethische Werte und das Erlangen von Wissen). Durch Tapas werden der Geist, die Sprache und die Indriyas (Sinne) gereinigt. Yamas und Niyamas (simpel gesagt: einfacher Lebensstil und ethischer Umgang mit anderen), Āsana, Prāṇāyāma, etc. fallen unter den Begriff von Tapas. Durch das Verrichten von Tapas, können alle Khlesas (Beschwerden/Leiden) und Unreinheiten beseitigt werden. Nach der Bhagavad Gītā ist Tapas von dreierlei Art:

1. शारीरिकतप (bezogen auf den Körper)

2. वाक् तप (bezogen auf die Sprache)

3. मानसतप (bezogen auf den Geist)

1. शरीरिकतप (Beständigkeit, Disziplin des Körpers): Diese Art von Tapas umfasst die Ehrerbietung von Gelehrten, gebildeten Menschen, Gurus (Āchārya, Mutter und Vater), die Aufrechterhaltung von Reinheit, Einfachheit, Enthaltsamkeit und nicht-gewaltsam zu sein (und dies auch im täglichen Leben umzusetzen). Es heißt:

देवद्विजगुरुप्राज्ञपूजनं शौचमार्जवम् ।

ब्रह्मचर्यमहिंसा च शारीरं तप उच्यते ॥ BG. Kapitel 17. Vers 14

वाक्तप (Enthaltung/Einfachheit der Sprache): Diese Art von Tapas umfasst, dass Worte gesprochen werden, die wahr, angenehm und nutzbringend sind. Zudem sollten diese auch die anderen Menschen nicht beunruhigen.

Tapas beinhaltet auch das regelmäßige Rezitieren der vedischen Hymnen. Das gleiche wird hier gesagt:

अनुद्वेगकरं वाक्यं सत्यं प्रियं हितं च यत् ।

स्वाध्यायाभ्यसनं चैव वाङ्मयं तप उच्यते ॥ BG. Kapitel 17. Vers 15

मानसतपः (Enthaltung/Einfachheit des Geistes): Diese Art von Tapas besteht aus der Gelassenheit des Geistes, dass dieser liebenswürdig und still ist, Selbstbeherrschung übt und die Reinheit der Gedanken bewahrt.

मनः प्रसाद सौम्यत्वं मौनमात्मविनिग्रहः ।

भावसंशुद्धिरित्येतत् तपो मानसमुच्यते ॥ BG. Kapitel 17. Vers 16

Tapas bedeutet auch, die Gegensätze der Welt zu tolerieren. 'तपो द्वन्द्वसहनम्' Die Paare der Gegensätze sind Hunger und Durst, Hitze und Kälte, etc. Maharṣi Patañjali sagt, dass all diese Unreinheiten durch Buße bzw. durch das Tolerieren entfernt werden, dadurch kann die Perfektion von Körper und Sinnen erlangt werden 'कायेन्द्रियसिद्धिरशुद्धिक्षयात्तपसः'. Die Kena Upaniṣchade beschreibt die drei Säulen der gesamten Struktur von Brahmavidyā (Abbildung 8) oder auch die spirituelle Wissenschaft als Tapas (Beständiges Askese/Disziplin), Dama (Selbstbeherrschung) und Karma (Handlung).

Abbildung 6, Brahmavidya nach der Kena Upanischade.

Die Wichtigkeit des Trios von Tapas, Brahmacharya und Satya wurde wiederholt betont, zum Beispiel in der Praśnopaniṣad (5.3) und anderen Upaniṣchaden.

Daher ist Tapas eines der notwendigen Elemente, um Vollkommenheit (Samadhi) zu erreichen.

ii. Svādhyāya

Das Studieren und die Praxis der Veden, Śāstras und Spiritualität ist Svādhyāya. Selbst-Kontemplation ist auch als Japa bekannt. Japa ist z.B. die heilige Silbe 'AUM' zu rezitieren, welche der Name des Allmächtigen ist.

'स्वाध्यायः मोक्षशास्त्राणामध्ययनं प्रणवजपोवा'

Das Studieren der Śāstras, Veden und Upaniṣchaden,

sowie anderer Literatur, welche mit deren Gedanken durchdrungen ist, nimmt dem Geist die Unbeständigkeit, erhebt die Seele und entfernt Boshaftigkeit und das Übel.

Ein Kriyāyogī ist nicht besorgt über seine Vergangenheit oder Zukunft. Er ist ein Wesen im Jetzt. Er macht seinen Wert nicht von anderen abhängig. Er ist immer fortschreitend, er entwickelt sich stetig weiter. Auch kennt er seine Schwächen und ihm sind die Hürden bewusst, welche ihm wahrscheinlich auf seinem Weg begegnen werden.

iii. Iśvara Praṇidhāna

Iśvara-Praṇidhāna bedeutet, dass alle Handlungen der höchsten Seele gewidmet werden 'ईश्वरप्रणिधानं तस्मिन्परमगुरौ सर्वकर्मार्पणम्'.

Iśvara-Praṇidhāna ist eines der alternativen Mittel, um Samādhi zu erlangen. Es heißt im Yogadarśana - 'ईश्वरप्रणिधानाद्वा'.

Iśvara ist unterscheidbar von uns, daher heißt er Puruṣa Viśeṣa (eine besondere Puruṣa), als solche ist er ungebunden und frei von Schmerzen und Leiden, von Handlungen und deren Früchten, sowie von den Tendenzen, welche danach noch übrig bleiben. Iśvara ist allwissend; die Tiefen seines Wissen sind unergründlich. Er ist der Lehrer der ṛṣis. AUM (praṇava) ist die Beschreibung für Iśvara. Iśvara ist die sicherste Art und Weise, wie Konzentration und dadurch Befreiung erlangt werden kann. Iśvarapranidana ist das Mittel zu Samādhi. Das gleiche wird hier gesagt: 'समाधिसिद्धिरीश्वरप्रणिधानात् ॥'.

Denjenigen, welchen es nicht möglich ist Yoga durch Praxis und Verhaftungslosigkeit (Abhyāsa und Vairāgya) zu erlangen, können Yoga auch durch die Praxis von Kriyā-Yoga erreichen, wie oben bereits beschrieben. Es ist wohl wahr zu sagen, dass die verschiedenen

Methoden um Yoga zu erlangen in dem Maße wirksam (nutzbringend) sind, wie sie der Natur des Praktizierenden entsprechen.

Kleśas / Leiden des Geistes bzw. Geistesgifte

Im zweiten Aphorismus von Patañjalis Yogadarśana findet eine Erörterung über Kriyāyoga bzw. vorbereitendes Yoga statt. Dort sind zwei Vorzüge des Kriyayoga erklärt, einer ist das Erlangen von Samādhi und der andere ist die Minimierung von Problemen/Beschwerden, welche unter dem folgenden technischen Begriff bekannt sind: Kleśas.

Das gleiche wird hier gesagt:

'समाधिभावनार्थः क्लेशतनूकरणार्थश्च '

Die Beschwerden (Kleśas) sind von fünferlei Art. Diese sind 'अविद्यास्मितारागद्वेषाभिनिवेशाः क्लेशाः'. **Avidyā** ist die Tendenz zum Wissen über die materielle Welt (allein), **asmita** d.h. dadurch den daraus resultierenden Egoismus den Seher (Seele) mit der Kraft des Sehens gleichzusetzen, **raga** Anhaftung, **dvesa** Hass und **Abhinivesa** das (übertriebene) Hängen am Leben. Das sind die Beschwerden (Verhaftungen) des Geistes.

Avidyā (Unwissenheit) ist der Nährboden der nachfolgend genannten, also asmitā (Ichgefühl/ Identifikation) Anmerkung zur deutschen Übersetzung: Es gibt das Gefühl eines intelligenten Wesens zu sein, was aber hier gemeint ist, ist die Identifikation in Form des Jiva (ego).

Weiterhin rāga (Begehren), dveṣa (Ablehnen), und abhiniveśa (Angst, Furcht, Sorgen), egal ob diese in einem ruhenden (प्रसुप्त), verdünnten (तनु),

überwältigenden (विच्छिन्न) oder expandierten (उदार) Zustand sind 'अविद्या क्षेत्रामुत्तरेषां प्रसुप्ततनुविच्छिन्नोदाराणाम् ।'.

Avidyā ist die Brutstätte (/Quelle) der vier Beschwerden des Geistes (klesas), namentlich: Asmita, Raga, Dvesha und Abhiniveśa. Diese vier Beschwerden sind nur Modifikationen von Avidya. Diese Klesas haben vier Stufen:

1. Ruhend (प्रसुप्तावस्था): In dieser Stufe sind die (Kleṣas) versteckt bzw. verborgen, wie der Baum im Samenkorn. Videhas (körperlose Wesen) und Prakritilayas (höhere bzw. fortgeschrittene Yogis) haben diese Stufe.

2. Verdünnt (तनु): In dieser Stufe sind die (Kleṣas) in einem abgeschwächten Zustand vorhanden, wie ein dünner Faden. Yogīs, welche diese Stufe durch Praxis erlangen, haben einen üblen vāsanā (sanskāra - ein Fakt der im Gedächtnis als bzw. karma/Eindruck gespeichert ist) durch die Entwicklung eines guten vāsanā (Gewohnheit/Eindrücken) gekontert. Ärger bzw. Wut kann ausgedünnt werden, indem Barmherzigkeit, Liebe und Vergebung, sowie andere vergleichbare Eigenschaften kultiviert werden.

3. Überwältigend (विच्छिन्न): Auf dieser Stufe sind die Kleṣas überwältigend, wie in einem Beziehungsstreit zwischen Mann und Frau. Als erstes finden wir zwischen ihnen bei einem Streit einen Hass vṛtti (Gedankenwelle) und dann finden wir nach einiger Zeit, nachdem der Streit vorüber ist, einen Liebes vṛtti.

4. Ausgedehnt (उदार): In dieser Stufe sind die kleṣas sehr mächtig. Diese werden auf jeden Fall ihren Lauf nehmen und in Kraft treten (also negativ im Leben das Aspiranten wirken).

Es gibt noch einen anderen avasthā (Zustand), genannt dagdha avasthā (verbrannter Zustand), bei dem die kleśas alle geröstet sind, wie verbrannte Samenkörner. Dies finden wir bei Yogīs vor, welche 'Asamprajñāta Samādhi' erlangt haben.

Avidyā: (अविद्या)

Avidyā bedeutet, das sich Wandelnde für etwas Beständiges, Dauerhaftes zu halten, die Reinheit für Unreinheit, Leid für Freude, den physischen Körper mit der Seele zu verwechseln 'अनित्याशुचिदुःखानात्मसु नित्यशुचिसुखात्मख्यातिरविद्या'.

Durch ungestörtes, klares Wissen, das über Unterscheidungskraft verfügt, können wir Avidyā entfernen.

Das Materielle als etwas ewiges zu nehmen: Zum Beispiel zu denken, dass die Erde, Mond und Sterne ewig wären. Manche Sadhakas beschäftigen sich in ihrem Sādhanā (Praxis) aufgrund von Avidyā mit solchen Dingen.

Unrein als Rein: Die Weisen wissen sicher, dass der Körper unrein ist, da er eine Herkunft, einen Ursprung hat, da er materiell und zusammengesetzt ist. Dies zeigt sich auch in der Notwendigkeit seiner Aufrechterhaltung, Ausdünstung und Zerstörung, sowie darin ihn ständig durch Nutzung von Schlamm, Kräuter, Wasser, etc. sauber zu halten. Etwas Zusammengesetztes vergeht und zerfällt, nur etwas Reines muss nicht aufrechterhalten werden, da es nicht aus Teilen besteht (und folglich nicht zerfallen kann).

स्थानाध्बीजाट्पष्रम्भान्निस्यन्दन्निधनादपि ।
कायमाधेयशौचत्वात्पण्डिताह्यशुचि विदु ॥

Aber auch durch Avidyā denken manche, dass der Körper rein ist anstatt unrein.

Leid als Freude: Alle Erfahrungen der irdischen Welt

sind voll mit Elend aus der Perspektive des Erleuchteten bzw. Aufgeklärten 'परिणामतापसंस्कार-दुःखैर्गुणवृत्तिविरोधाच्च दुःखमेवसर्वविवेकिनः ।'. Aber viele, welche sich der materiellen Welt hingeben (avidyā) behaupten, dass dieses Jagat (Universum) gleichzeitig Freude und Leid ist.

Den Körper als Seele zu sehen: Zu glauben, dass der Körper und Geist Atma (das Selbst) ist, geschieht wegen Avidyā.

Asmitā: (अस्मिता)

'दृग्दर्शनशक्त्योरेकात्मतेवास्मिता'

Asmitā ist die Identifikation des Sehenden (stiller Zeuge) mit der Kraft des Sehens.

Die Seele ist der Seher und die Augen sind die Kraft des Sehens, daher ist es, die Augen für den Seher zu halten, eine Form von asmitā (ahaṅkāra).

Rāga: (राग)

सुखानुशयी राग

Freude/Vergnügen zu suchen ist rāga (Anhaftung).

Zum Beispiel halten wir Ausschau nach Geld. Wir sind hingezogen zum Geld, weil wir durch dieses verschiedenste Objekte, die uns Freude/Vergnügen bereiten, bekommen können. Diese Tendenz hat sich wegen früheren Erfahrungen, bei denen uns Geld schon einmal Vergnügen beschert hat, gefestigt.

Dveṣa: (द्वेष)

दुःखानुशयी द्वेषः ।

Abneigung (Hass द्वेष) ist das, was uns im Schmerz verweilen lässt. Dveṣa ist der Hauptgrund für das menschliche Leiden. Kriege, Spaltungen, Streit, Morde sind Dveṣa geschuldet. Eifersucht/Neid/Missgunst ist der intime Begleiter von Dveṣa.

<u>Abhiniveśa:</u> (अभिनिवेश)

स्वरसवाही विदुषो पि तथारूढो भिनिवेशः ।

Abhiniveśa ist das starke Verlangen/Hängen nach/am Leben. Die Furcht vor dem Tod existiert gleichermaßen im Gelehrten als auch im Ungebildeten. Die frühere Erfahrung des Schmerzes, der mit dem Tod einhergeht, ist in unserem chitta gespeichert (चित्त). Daher, haben wir im Leben Angst vor dem Tod. Das ist der Grund, warum wir alle ein starkes Verlangen danach haben, am Leben zu sein.

Wie können wir diese Leiden des Geistes beseitigen?

Es heißt 'ध्यानहेयास्तद्वृत्तयः'. Durch Meditation können wir die Verzerrungen des Geistes (fünf Kleśas) entfernen. Indem man (den Lehren/der Fülle an Techniken/Praktiken) dem Erfahrungsschatz von Kriya-yoga folgt, Tapas (Askese/Disziplin/Umgang mit sich selbst und anderen), Svādhyaya (Selbststudium), Iśvarapraṇidhāna (Hingabe aller Handlungen an Gott), kann man die kleṣas reduzieren, aber durch Meditation, können alle Kleṣas beseitigt werden. Gute und schlechte Handlungen sind geboren aus Lust, Gier, Vergesslichkeit/Achtlosigkeit, sowie aus Ärger/Zorn. Dies wird erfahren in der jetzigen oder kommenden Geburten.

क्लेशमूलः कर्माशयो दृष्टादृष्टजन्मवेदनीयः ।

Wenn die Kleṣas nicht völlig entwurzelt werden, führt dies zu **drei Konsequenzen**: **Jāti** (Geburt in einer Spezies), **Āyu** (die Lebensspanne verkürzt sich) und **Bhoga** (Früchte von karmas-Handlungen kommen)- 'सतिमूले तद्विपाको जात्यायुर्भोगाः' Āyu (Lebensspanne) ist für die Jāti (der Mutterschoß und die Spezies [z.B. Tier/Mensch] in Form welcher die Seele ihrem kārmika sanskāras [Karmas] entsprechend geboren wird) und nicht für die jeweilige Person. Für einen Menschen ist die normale Lebenserwartung ungefähr um die hundert Jahre. Für einen Hund ist die Lebenserwartung um die zehn bis zwölf Jahre und für eine Kuh um die 20 Jahre etc. Ayu (die Lebensspanne) hängt von Jati (dem Schoß aus dem man geboren wird) ab. Ebenso, Bhoga – die Früchte der karmas sind auch durch Jāti (den Mutterschoß) festgelegt. Bhoga hängt von den Beschränkungen, welche auf die Organe der Wahrnehmung und des Vergnügens gelegt wurden, ab. Bhoga oder die körperliche Zufriedenheit hängt von der Art der Sinnesorgane ab, welche dir in Form einer bestimmten Spezies gegeben wurden. Die Wahrnehmungsorgane und die körperlichen Bedürfnisse einer Fledermaus oder Katze sind anders, als etwa die von einem Menschen, einer Kuh oder einem Pferd. Ein Schaf genießt die Musik nicht gleichermaßen mit seinen Sinnen, wie es ein Mensch tut. Fledermäuse sind in der Lage Wellenlängen des Schalls zu hören und zu verarbeiten, welche normalerweise außerhalb des hörbaren Bereichs des menschlichen Ohres liegen. Katzen und Eulen haben sehr sensible Augen, welche diesen ermöglichen relativ viel in dem Bereich zu sehen, den wir schlicht als Dunkelheit bezeichnen. Hunde haben einen beachtenswerten Geruchssinn, durch welchen diese exzellente Polizeihunde sind. Auf diese Art ist der Umfang der Wahrnehmung festgelegt, wenn man in einer bestimmten Spezies geboren wird. Durch die Früchte der guten und schlechten Taten geht also jeweils Jati, Ayu and Bhoga hervor.

Viveka-khyāti

Die Sāṅkhya Tradition beschäftigt sich mit der verkörperten Seele. Sie gibt im Detail Aufschluss darüber, wie genau sich die körperlose Seele verkörpert.

Ebenso wie andere indische Philosophiesysteme akzeptiert sie die Pluralität von Puruṣas (Seelen). In der Sāṅkhya-Philosophie wird die Seele Puruṣa genannt, weil sie beim Verkörperungsprozess den Körper als ihre pura (Wohnstätte) bekommt. Generell gesagt argumentieren die Gelehrten, dass die Sāṅkya-Philosophie sich über Gott ausschweigt. Aber diese missverstehen, dass Gott nicht die Thematik von Sāṅkhya ist, zum Beispiel setzt sich Vedanta exklusiv mit dem Wesen Gottes auseinander. Die Sāṅkhya Tradition war sich stets ihrer Limitierungen und den Möglichkeiten und der Reichweite ihrer Philosophie bewusst. Hinzu kommt, dass in der Upanischade 'Iśavarāsiddhe', die in der Sāṅkhya Tradition akzeptiert ist, die Nicht-existenz von Gott nicht als bewiesen gilt. An für sich ist das System pure und überwiegende theoretische Wissenschaft. Das entscheidende Wissen um das es hier geht, ist das Wissen der Trennung von puruṣa vom Körper (Prakṛti).

Nach Sāṅkhya ist die Verkörperung (der Seele) das Zusammenspiel von 24 Prinzipien. Wenn die Seele aufgrund ihrer sanskāras der sichtbaren Welt den Prozess der Verkörperung durchläuft (sich selbst mit prakṛti identifiziert, was ein vereinigter Zustand von sattva (Intelligenz), rajas (Bewegung), und tamas (Trägheit) ist), ist das erste Produkt mahat (Intelligenz). Diese ist wiederum verschieden von der Puruṣa (Seele), welche pures Bewusstsein (Gewahrsein) ist. Buddhi (Intelligenz), welche sich aus prakṛti (prakrti = Urmaterie) entwickelt hat, ist von materieller Natur. Anschließend folgt die Geburt der Vorstellung von Ahaṅkāra (ein Gefühl der Individualität bzw. eine eigenständige Identität als individuelle Seele). Aus ahaṅkāra kommt der Geist, kommen die fünf Sinnesorgane, die fünf tanmāras und die fünf motorischen Organe hervor. Die Funktionen des Buddhis ist das Erfassen und Unterscheiden. Buddhi wird mahat (generelle Intelligenz) genannt, Ahaṅkāra wird oft mit 'Ich' und 'Mein' in Verbindung gebracht. Der Manas bzw. Geist ist das innere und zentrale Sinnesorgan, genannt antaḥkaraṇa. Dieses kommt in Kontakt mit den fünf Sinnesorganen, um Informationen über die externe sichtbare Welt zu empfangen.

Sāṅkhya schreibt Manas (dem Geist) die wichtige Funktion des Synthetisieren von den Sinneseindrücken (Daten) zu, welcher diese dann in die Form von bestimmten Wahrnehmungen bringt und sie dann an ahaṅkāra weitergibt und so die Befehle von ahaṅkāra durch die Handlungsorgane (Hände, Füße, Mund etc.) ausführt.

Die fünf Tanmātras der Sinnesorgane im Körper sind:

1.) Form (Helligkeit)

2.) Geruch (Festigkeit)

3.) Geschmack (Flüssigkeit)

4.) Berührung (Vitalität)

5.) Klang/Vibration (Räumlichkeit)

Die fünf Sinnesorgane im Körper sind:

1.) Augen

2.) Nase

3.) Zunge

4.) Haut

5.) Ohren

Die fünf motorischen Organe im Körper sind:

1). Mund (Organ der Sprache)

2). Füße (Organ der Bewegung)

3). Hände (Organ des Greifens)

4). Anus (Organ der Ausscheidung)

5). Genitalien (Organ der Reproduktion)

Die fünf Mahābutas im Körper sind:

1). Fleisch als Produkt von Karbon (Erde)

2). Blut als Produkt der Flüssigkeit (Wasser)

3). Körpertemperatur als Produkt des Feuers

4). Atmen und andere grundlegende Bestandteile der Luft als Produkt der Luft

5). Der Raum als Produkt von Ākāśa;

Puruṣa benötigt prakṛti (den Körper) um zu genießen (bhoga), als auch für die Befreiung. Befreiung meint hier den kompletten Stillstand aller Leiden und den drei Schmerzen:

1. **Ādhyātmika** Leiden - Diese rühren von inner-organischen psychologischen Ursachen her, diese umfassen auch mentale und körperliche Leiden.

2. **Ādhibhautika** Leiden - Wird durch den Menschen, Biester, Vögel, Dornen etc., sowie auch durch physische Objekte wie Schwerter, Messer, einen Pistolenschuss, etc. verursacht.

3. **Ādhidaivika** Leiden - Wird durch die natürlichen Ursachen wie Erdbeben, Regen, Hungersnot etc. verursacht.

Anmerkung zur deutschen Übersetzung:

Daher wird auch dreimal das Shanti wiederholt, jeweils, für eines der oben genannten Leiden. Wir erkennen hier auch an, dass wir in dieser begrenzten Form als Jiva nicht über alles Kontrolle haben können. Dies fördert das Urvertrauen bzw. die Hingabe an Isvara.

Wenn der Prozess der Verkörperung verstanden

wurde und Karma Siddānta Vivekī (der Erleuchtete) schlussfolgert, dass alles Schmerz ist und versucht dem zukünftigen Schmerz, der noch kommen wird, durch "Yoga Mārga" (Pfad) zu entfliehen 'अनागतं दुःखं भयम् ।'.

In diesem Kontext sagt Patañjali, dass wegen Sañyoga (Verbindung) von draṣṭā (Seher) und dṛśya (das Gesehene) dieses duḥkha (Leiden) aufsteigt. Siehe Sutra 2.17 'द्रष्टृदृश्ययोः संयोगो हेयहेतुः'. Hier sind draṣṭā (der Seher, die Seele) und dṛśya (sichtbare Welt) voneinander verschieden. Die Wechselbeziehung zwischen dem Seher und dem Objekt der Sicht (sichtbare Welt) ist die Ursache von Elend und Bindung bzw. Anhaftung. Hierbei existiert das Objekt der Sicht zum Zwecke der Erfahrung und Befreiung des Selbst. Das dṛśya (das Sichtbare/das Gesehene) entfaltet sich durch die Wechselwirkung von: प्रकाशक्रियास्थितिशीलम्- Intelligenz (Licht), Bewegung und Trägheit, भूतेन्द्रियात्मकम् - das Grobstoffliche entwickelt sich aus prakṛti und den Sinnen. Das Objekt der Sicht ist भोगापवर्गार्थम् - für das Vergnügen und die Befreiung des Sehers draṣṭā - der Seher ist द्रष्टा -दृशिमात्रः शुद्धोऽपि प्रत्यायानुपश्यः (Siehe Sūtra 2.20). Puruṣa ist die Seele, das Selbst, der Lebenshauch, das Subjekt, der Wissende. Es sind weder die Sinne, noch das Gehirn, noch der Geist oder das Ego. Es ist pures Bewusstsein, Frieden, das Ewige. Es ist jenseits von Zeit, Raum, Veränderung und Aktivität. Es ist ohne Ursache, ewig, alles durchdringend, daher wird es wie folgt genannt - निस्त्रैगुण्य, कर्ता, द्रष्टा, ज्ञाता.

Der tiefere Zweck von dṛśya (Objekt der Sicht) ist allein für das Selbst (Seher) da zu sein. Siehe Sūtra 2.21 'तदर्थ एव दृश्यस्यात्मा'. Wenn der Seher befreit wird, löst sich das Objekt der Sicht niemals auf, weil es für diejenigen, die (noch) nicht befreit sind gewöhnlich fortbesteht. – Siehe Sūtra 2.22 'कृतार्थं प्रति नष्टमप्यनष्टं तदन्यसाधारणत्वात्'.

Avidyā (die sichtbare Welt) ist der Grund für diese Wechselbeziehung (संयोग). Ununterbrochenes unterscheidendes Wissen ist das Mittel um die Flucht aus dem Elend zu erlangen – Siehe Sūtra 2.26 'विवेकख्यातिरविप्लवा हानोपायः'.

Aṣṭāṅga Yoga ist eine der Möglichkeiten, um Unterscheidungskraft (unterscheidendes Wissen) zwischen Puruṣa und Prakṛti zu erlangen, eine spezifische Einsicht, welche zur Befreiung führt. Indem man Aṣṭāṅga Yoga folgt, werden die mentalen, physischen und intellektuellen Unreinheiten beseitigt und es erscheint das Licht der Weisheit. Dieses wiederum führt zu unterscheidendem Wissen zwischen Puruṣa (Seele) und Prakṛti (Körper), was sehr essentiell ist, um Samādhi zu erlangen. Maharṣi Patañjali sagt auch dasselbe: Siehe Sūtra 2.28 'योगाङ्गानुष्ठानादशुद्धिक्षयेज्ञानदीप्तिराविवेकख्यातेः ।'.

Zudem erklärt Maharṣi Patañjali im zweiten Kapitel der Yogasūtras das sogenannte Sādhanapāda, welches sich mit Aṣṭāṅga Yoga beschäftigt. Beim Praktizieren von Kriyayoga kann man Samādhi erlangen und die kleṣas minimieren und schließlich durch dhyāna (Meditation) können die Beschwerden (kleṣas) entfernt werden. Wenn die kleṣas nicht komplett entwurzelt werden, führen diese zu drei Konsequenzen.

(1) Jāti (yonī Mutterschoß/Wiedergeburt bzw. Spezies) (2) Āyu (Lebensspanne in einer bestimmten yonī) (3) Bhoga (die Früchte von karmas). Die drei genannten, Jāti, Āyu, und Bhoga sind auf der Basis der kārmic sanskāras festgelegt. Ein Vivekī (Yogī), welcher über Karma Siddhanta bescheid weiss, schlussfolgert, dass "Alles Schmerz ist" und versucht durch "Yoga Mārga" (Yoga Pfad) dem Schmerz zu entfliehen, der noch kommen wird. Der Schmerz bzw. das Elend (duḥkha) ist aus der Vereinigung von Puruṣa und Prakṛti entstanden –

Siehe Sūtra 2.17 द्रष्टृदृश्ययोः संयोगो हेयहेतुः. Daher wird das ununterbrochene, unterscheidende Wissen zwischen Puruṣa und Prakṛti wörtlich hānopāya genannt - ein Weg um die Isolation/Trennung bzw. Befreiung zu erlangen, Siehe Sūtra 2.26 'विवेकख्यातिरविप्लवा हानोपायः।'. Nach der Sāṅkhya Philosophie ist die Vereinigung von Puruṣa und Prakṛti die Geburt und die Trennung von Prakṛti und Puruṣa die Befreiung (Abbildung 9).

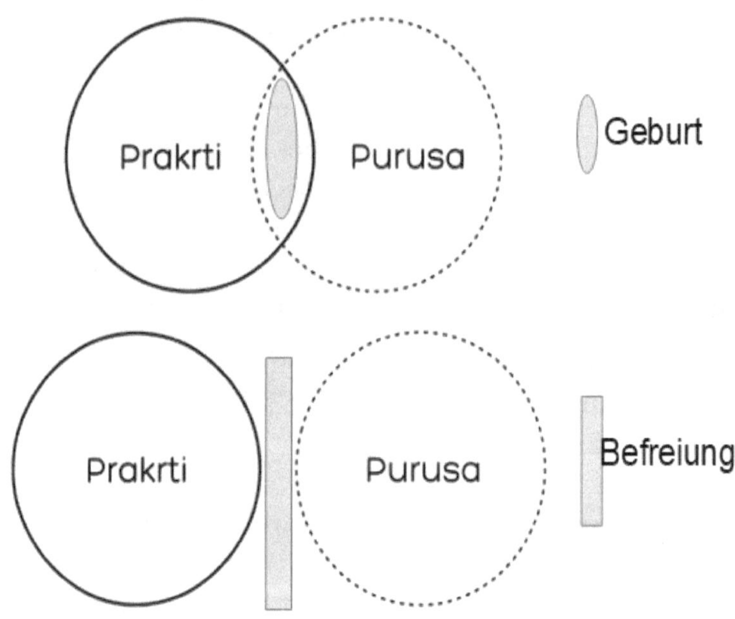

Abbildung 7, Vereinigung und Trennung von Purusa und Prakrti.

Diese Art von unterscheidendem Wissen, genannt Vivekakhyāti, kann dadurch erlangt werden, wenn Aṣṭāṅga Yoga praktiziert wird. In Referenz hierzu erklärt Maharṣi Patañjali das Aṣṭāṅga Yoga und sagt, dass wenn Aṣṭāṅga Yoga praktiziert wird, alle Unreinheiten bzgl. des Geistes, Körpers und Intellekts entfernt werden können, wodurch das unterscheidende Wissen zwischen Puruṣa und Prakṛti erlangt werden kann. Siehe Sūtra 2.28 'योगाङ्गानुष्ठनादशुद्धिक्षये ज्ञानदीप्तिराविवेकख्यातेः।'.

Die acht Glieder des Yogas sind: (Sūtra 2.29)

1. Yama (यम) – Der richtige Umgang mit anderen.

2. Niyama (नियम) – Der richtige Umgang mit sich selbst, Disziplin.

3. Āsana (असन) – Stellung

4. Prāṇāyāma (प्राणायाम) – Kontrolle des Atems.

5. Pratyāhāra (प्रत्याहार) – Zurückziehen der Sinne.

6. Dhāraṇā (धारणा) – Konzentration.

7. Dhyāna (ध्यान) – Meditation/Kontemplation.

8. Samādhi (समाधि) – Im eigenen Selbst niedergelassen sein.

Maharṣi Patañjali sagt - 'यमनियमासनप्राणायामप्रत्याहार-धारणाध्यानसमाधयोऽष्टवङ्गानि' (2.29). Hier werden die ersten fünf Glieder 'Bahiraṅga Yoga' und die drei weiteren Glieder 'Antaraṅga Yoga' genannt. Die acht Glieder des Yogas, welche hier beschrieben wurden, sind wie die acht Schritte auf dem Weg des Rāja Yoga. Die Glieder sollten der Reihe nach praktiziert werden, wie diese oben aufgezählt wurden. Man wird keinen Nutzen aus der Praxis haben, wenn man Āsanas und Prāṇāyāma ohne die Praxis von Yama, Niyama und den anderen Schritten unternimmt, was die Grundvoraussetzungen des Yoga sind. Es handelt sich um eine Sequenz, welche dem Praktizierenden Schritt für Schritt eine Reihenfolge anbietet. Daher werden, wenn man den Weg des Aṣṭāṅga Yoga beschreitet, die mentalen, physischen und intellektuellen Unreinheiten ausgemerzt und das Licht der Weisheit erstrahlt, welches zu dem unterscheidenden Wissen zwischen Puruṣa und Prakṛti (Körper) führt, was wiederum überhaupt die Grundlage darstellt, um Befreiung zu erlangen. Deswegen spielt im Yoga darśana, das Aṣṭāṅga Yoga eine Hauptrolle.

Lasst uns nun die einzelnen Schritte erörtern:

1. Yama (यम) – (Der Umgang mit anderen). Yama beinhaltet fünf Schritte:

(a) Ahinsā (अहिंसा) – Gewaltlosigkeit.

(b) Satya (सत्य) – Aufrichtigkeit/Wahrhaftigkeit.

(c) Asteya (अस्तेय) – Nicht Stehlen.

(d) Brahmacharya (ब्रह्मचर्य) – Enthaltsamkeit (Anmerkung deutsche Übersetzung: DON'T PANIC - modern auch oft als ethisches, respektvolles Verhalten gegenüber dem anderen Geschlecht interpretiert sowie nicht jedem Sinneseindruck des Sexualverhaltens nachzugeben).

(e) Aparigraha (अपरिग्रह) – Nicht Anhäufen.

(a) Ahinsā (अहिंसा Gewaltlosigkeit) – Ahinsā bedeutet hier nicht nur jemanden körperlich nicht zu verletzen oder zu töten. Die Schriften sprechen hier davon, weder ein lebendes Wesen zu töten, noch ihm in irgendeiner Art und Weise durch Sprache, Gedanken und Handlungen zu schaden. Ahinsā ist die fundierte Basis für alle anderen yamas und niyamas, es heißt: 'तत्राहिंसा सर्वदा सर्वभूतानामनभिद्रोह ।' jemand, der in der Praxis von Ahinsā stark etabliert ist, selbst dessen Rivalen werden zu seinen Freunden werden. Dasselbe wird auch hier gesagt: - Sūtra 2.35 'अहिंसाप्रतिष्ठायां तत्सन्निधौ वैरत्यागः'.

(b) Satya (सत्य Wahrhaftigkeit/Aufrichtigkeit) – Vyāsa sagt 'सत्यं यथार्थे वाङ्मनसे यथा दृष्टं यथा श्रुतं तथा वाङ्मनश्चेति' Was auch immer gesehen/gehört wird, muss im Geist und in der Sprache befolgt werden. Die Wörter, die man spricht, sollten keinem Lebewesen irgendeine Art von Schaden zufügen und sollten gegenüber Allen Glück und Freude erschaffen. Die Wörter sollten angenehm, fördernd und nicht beunruhigend sein. Ein Sādhaka (Anwärter/ Suchender) der in Wahrhaftigkeit und Aufrichtigkeit fest begründet ist, dessen Taten werden Früchte tragen. – Sūtra 2.36 'सत्यप्रतिष्ठायां क्रियाफलाश्रयत्वम्'.

(c) Asteya (अस्तेय nicht-stehlen) – 'स्तेयमशास्त्रपूर्वकं द्रव्याणां परतः स्वीकरणम् तत्प्रतिषेधः पुनरस्पृहारूपम् अस्तेयमिति' – wegen Verlangen/Begierde entsteht die Idee des Stehlens. Zu dem, der fest im Nicht-stehlen verankert ist, werden alle Edelsteine und aller Wohlstand kommen. Sūtra 2.37 'अस्तेयप्रतिष्ठायां सर्वरत्नोपस्थानम्'.

(d) Brahmacharya (ब्रह्मचर्य Enthaltsamkeit) – 'ब्रह्मचर्य गुप्तेन्द्रियाणां संयमः' bedeutet, dass wenn ein Mann seine Samenflüssigkeit aufspart, wird sein Körper brilliant, wohlriechend und dieser nimmt sein Brahmachārī in der Nähe von Brahman. Einer der fest in Brahmacharya gegründet ist, kann große Lebenskraft erlangen. Dasselbe ist hier gesagt: Sūtra 2.38 'ब्रह्मचर्य प्रतिष्ठायां वीर्यलाभः ।'.

(e) Aparigraha (अपरिग्रह Nicht-Horten) – Es heißt - 'विषयाणामार्जनरक्षण-क्षयसंगहिंसादोषदर्शनादिस्वीकरणमपरिग्रहः ।' (परिग्रह parigraha) bezeichnet den Prozess des Hortens von Objekten, über das Maß hinaus, wie man diese selbst benötigt (Selbstbedarf). Diese Eigenschaft kann leicht erlangt werden (अपरिग्रह aparigraha), indem Verhaftungslosigkeit gegenüber allem entwickelt wird. Wenn dies so angewandt wird, erwirbt der Sādhaka Wissen über die Vergangenheit, Gegenwart und Zukunft. Sūtra 2.39 'अपरिग्रहस्थैर्ये जन्मकथन्तासम्बोधः'.

Manche Menschen sagen "Ich werde kein menschliches Wesen töten, in keinem heiligen Ort töten, ich werde nicht am vierzehnten Tag töten (chaturdasi, etc.,) und auch nicht irgendjemanden irgendwo töten, außer in Kämpfen (Anmerkung des Übersetzers: kriegerischen Auseinandersetzungen - es heißt das Karma falle dann auf die Nation)". Aber Yamas (Umgang mit anderen, soziale Disziplin) sind eine großartige Richtschnur. Sie sind auch jenseits der Grenzen von yonis (Geburten), Zeit und Ort einzuhalten (zwischen den Verkörperungen). Es heißt – Sūtra 2.31 'जातिदेशकालसमयानवच्छिन्नः सार्वभौमामहाव्रतम् ।'.

2. Niyamas नियम – Die Niyamas (richtiger Umgang mit sich selbst) bestehen aus fünf Aspekten.

(a) Śaucha शौच – Reinheit.

(b) Santoṣa संतोष – Zufriedenheit.

(c) Tapas तपस् – Askese.

(d) Svādhyāya स्वाध्याय – Das Studieren der Schriften.

(e) Iśvarapraṇidhāna ईश्वरप्रप्रणिधान – Hingabe zu Gott.

(a) Śauca (शौच Reinheit) – Śauca ist von zweierlei Art:

1. Extern

2. Intern

Externe Reinheit wird erlangt, wenn man sich durch schlammiges Wasser reinigt etc., die interne Reinheit wird erreicht, wenn der Geist gereinigt wird mit सत्य, ज्ञान, (satya, jnana) etc., wenn externes śaucha praktiziert wird, zeigt der Sādhaka Verhaftungslosigkeit gegenüber seinem eigenen Körper, ohne sich mit anderen zu vergleichen. Das gleiche ist auch hier erwähnt – Sūtra 2.40 'शौचात्स्वाङ्गजुगुप्सा परैरसंसर्गः ।'. Durch innere Reinheit, einen reinen Geist, Konzentration, Kontrolle der Sinnesorgane kann Selbst-Realisation erlangt werden. Sūtra 2.41 'सत्वशुद्धिसौमनस्यैकाग्र्येन्द्रियजयात्मदर्शनयोग्यत्वानि च'.

(b) Santoṣa (संतोष Zufriedenheit) – 'सन्तोषः सन्निहितसाधनादधिकस्यानुपादिता' Zufriedenheit bedeutet, nicht mehr zu wollen, als die Person benötigt. Es beinhaltet auch ein tiefgreifendes Level der Akzeptanz und

Wertschätzung. Es ist ein Zustand, in welchem der Aspirant durch das Entwickeln von Verhaftungslosigkeit gegenüber den materiellen Dingen, mit dem zufrieden ist, was er hat. Siehe Sutra 2.42 'सन्तोषादनुत्तमसुखलाभः ।'.

(c) Tapas (तपस् Askese) – 'तपो द्वन्द्वसहनम् द्वन्द्वश्च जिघत्सापिपासे, शीतोष्णे, स्थानासने' ist die Fähigkeit, die gegensätzlichen Gefühle wie Hunger-Durst, Kälte-Hitze, Freude-Leid etc., gleichgültig zu ertragen. Durch die Praxis von Achtsamkeit/Akzeptanz, werden alle Unreinheiten entfernt und ein perfekter Körper und perfekte Sinne können erlangt werden. Siehe Sūtra 2.43 'कायेन्द्रियसिद्धिरशुद्धिक्षयात्तपसः ।'.

(d) Svādhyāya (स्वाध्याय Studium) – 'स्वाध्यायः मोक्षशास्त्राणामध्ययनं प्रणवजपो वा'. Svādhyāya bedeutet das Studieren und Folgen der Śāstras bzw. das Chanten von "AUM" - "Praṇava", was uns den Weg der Befreiung zeigt. Durch ein vollkommenes Befolgen von Svādhyaya realisiert der Sādhaka sein gewünschtes Subjekt. Siehe Sūtra 2.44 'स्वाध्यायादिष्टदेवतासम्प्रयोगः ।'.

(e) Iśvara praṇidhāna (ईश्वरप्रणिधान Hingabe zu Gott) – Es heißt, 'ईश्वरप्रणिधानं तस्मिन्परमगुरो सर्वकर्मार्पणम्'. Iśvara praṇidhāna bedeutet die Hingabe von sich selbst als Person und seiner Handlungen an Gott. Bei der Praxis davon kann सम्प्रज्ञातसमाधि erlangt werden. Patañjali sagt: - Sutra 2.45 'समाधिसिद्धिरीश्वरप्रणिधानात् ।'.

3. Āsana आसन – Nachdem Perfektion in Yama und Niyama erreicht wurde, hat der Yoga-Sādhaka die dritte Stufe zu meistern, das heißt die Āsana. Es wird gesagt eine bewegungslose und komfortable Stellung ist eine Āsana – siehe Sūtra 2.46 'स्थिरसुखमासनम्'. Diese sind wie nachfolgend die Āsana-Padmāsana, Svastikāsana, Bhadrāsana, Siddāsana etc.. Ein Yogī sitzt immer in Siddhāsana, also einer Stellung, welche durch ihn oder sie vervollkommnet wurde. Patañjali ist nicht penibel (wählerisch) in Bezug auf die genannten Stellungen. Nach seiner Meinung ist jede Pose, welche dazu führt, dass der Geist beständig wird, welche nicht anstrengend für die Körperglieder ist und in welcher der Yogī für eine ausreichende bzw. bestimmte Zeit sitzen kann die (zu bevorzugende) Stellung der Wahl für die entsprechende Person. Diese hier erwähnten Faktoren beachtend, kann ein Yogī eine geeignete Stellung für seine Zwecke/sein Ziel auswählen. Wenn die Anstrengung erlischt, ist die Stellung vollkommen, so dass es keine Unruhe im Körper oder Geist gibt und diese beiden kommen dadurch in einen ausgeglichenen Zustand. Es heißt im Sūtra 2.47 'प्रयत्नशैथिल्यानन्तसमापत्तिभ्याम्'. Als ein Ergebnis davon, die Stellung zu meistern, ist er (der Yogī) nicht betroffen von den Extremen wie Kälte-Hitze etc. siehe Sutra 2.48 'ततो द्वन्द्वानभिघातः ।'.

4. Prāṇayāma प्राणायाम – Prāṇa प्राण bedeutet Respiration des Atems. Āyāma आयाम bedeutet Expansion. Prāṇāyāma hilft den Atem zu regulieren. Es stimmt, dass man die Kontrolle über die Sinnes (-eindrücke), sowie die mentalen Störungen durch die Praxis der Kontrolle des Atems erlangt. Einatmung – Ausatmung – Zurückhaltung sind drei Prozesse welche bei Prāṇāyāma eine Rolle spielen. Einatmung ist das Inhalieren des äußeren 'Windes'; das Ausatmen ist das Abgeben der eingeatmeten Luft aus den Lungen. Das Zurückhalten des Atems ist das Unterbrechen des Flusses dieser beiden, die Abwesenheit von beiden Arten (Ein- und Ausatmen). Nach Patañjali bedeutet Prāṇāyāma die "Einstellung des Ein- und Ausatmens ist Prāṇāyāma". Patañjali benennt hier unsere Typen des Prāṇāyāmas:

1. Bāhya बाह्य — Äußerlich

2. Ābhyantara आभ्यन्तर — Innerlich

3. Stamba स्तम्भ — Ausbleiben des Atems bzw.

Atemstille, ohne Bewegung in eine der zwei Richtungen.

4. Kumbhaka कुम्भक ist von dreierlei Art:

    a. Kevala Kumbhaka — Anhalten ohne Bewegung

    b. Äusseres Kumbhaka — Anhalten außerhalb

    c. Inneres Kumbhaka — Anhalten innerhalb

Die ersten drei - Außerhalb, Innerhalb und Anhaltend bzw. Ausbleibend werden durch Raum, Zeit und Anzahl (der Atemzüge) reguliert, so dass die Kontrolle des Atems lang und subtil wird.

Die Sutras von Patañjali, welche sich auf das prāṇāyāma beziehen sind: -

1- तस्मिन्सति श्वास प्रश्वासयोर्गतिविच्छेदः प्राणायामः (Sūtra 2.49)

2- बाह्याभ्यन्तरस्तम्भवृत्तिर्देशकालसंख्याभिः परिदृष्टो दीर्घसूक्ष्मः (Sūtra 2.50)

3- बाह्याभ्यन्तर विषयाक्षेपी चतुर्थः (Sūtra 2.51)

Durch das Praktizieren von prāṇayāma wird der Schleier der Dunkelheit, welcher durch Rajas und Tamas entstanden ist, entfernt und das Licht des Wissens kann in seiner vollen Pracht scheinen. Es heißt im Sūtra 2.52 - 'ततः क्षीयते प्रकशावरणम्'. Die Kontrolle des Atems ist die größte Praxis (Bußübung), welche die Unreinheiten entfernt und sich dadurch die (ursprüngliche) Brillanz des Wissens offenbart. Durch die Praxis von prāṇāyāma wird die Fähigkeit des Geistes zur Konzentration erschlossen — siehe *Yoga Sutra* 2.53 'धारणासु च योग्यता मनसः'.

Manu sagt in (6.72), "Durch das Zurückhalten des Atems sollte man die Effekte (Ergänzung des Übersetzers: Ursachen von Leiden/Unruhe) verbrennen." Das prāṇa und der Geist sind miteinander verbunden. Fluktuation/Schwankung des prāṇas führt zur Fluktuation des Geistes. Wenn auch immer prāṇa

(Lebensenergie) sich bewegt, dann bewegt sich ebenso chitta (der Geist). Wenn prāṇa sich nicht bewegt, ist auch chitta ohne Bewegung. Daher erreicht der Yogi beim Zurückhalten von Vayu-Luft Beständigkeit (des Geistes/Pranas). Dies wird auch durch Haṭhayoga akzeptiert:

चले वाते चलं चित्तं, निश्चले निश्चलं भवेत ।
योगी स्थाणुमवाप्नोति ततो वायुं निरोधयेत ॥ *Haṭha Pradīpikā* 2.2

cale vāte calaṁ cittaṁ niścale niścalaṁ bhavet |
yogī sthāṇutvam āpnoti tato vāyuṁ nirodhayet ||

Der Prozess des Atems ist direkt mit dem Gehirn und dem ZNS (zentralen Nervensystem) verbunden und ist einer der wesentlichen vitalen Prozesse des Körpersystems. Die absichtliche Kontrolle des Atems durch Pranayama tritt mit dem autonomen Nervensystem in Wechselwirkung, welches sich wiederum in das sympathische und parasympathische (Nervensystem) aufspaltet. Auf diese Weise stellen die Yoga-Techniken eine dynamische Balance zwischen dieser Dichotomy (Zweiteilung) her. Der Atem hat auch eine gewisse Verbindung zum Hypothalamus (Abbildung 10), dem Gehirnzentrum, welches emotionale Reaktionen kontrolliert.

Der Hypothalamus ist für das Umwandeln der Wahrnehmung in eine kognitive Erfahrung verantwortlich. Unregelmäßiges Atmen sendet einen unregelmäßigen Impuls zu diesem Zentrum und erschafft damit wiederum eine beunruhigende Reaktion. Wenn die nāḍis unrein sind, dann kann die vitale Luft nicht in den mittleren Kanälen der nāḍis strömen, welche die kapillare Strukturen bzw. subtilen (feinstofflichen) Adern sind, durch die das Prana zirkuliert. Daher wird das Erlangen der Vervollkommnung dann schwierig. Durch den erlangten Sieg über prāṇa können die nāḍis ordnungsgemäß funktionieren. Wenn die Nervenimpulse stetig und rhythmisch sind, dann werden die Funktionen des Gehirns reguliert und die Gehirnströme werden synchronisiert. Wie man sieht, spielt prāṇa eine wichtige Rolle im Yoga.

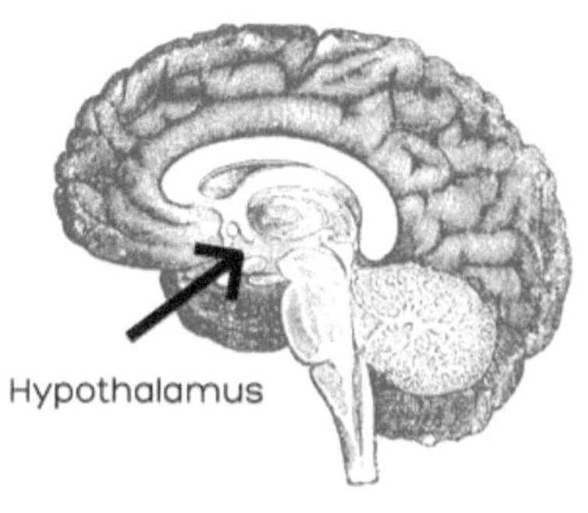

Abbildung 8, Hypothalamus.

5. Pratyāhāra प्रत्याहार – Das Wort Pratyāhāra bedeutet wörtlich "zurückziehen" bzw. "umkehren". Nach Patañjali bezieht sich Pratyāhāra auf die Sinnesorgane bzw. 'Indriyas'; diese haben eine natürliche Tendenz zu den Sinnesfreuden (Viṣayas) zu stürmen; die Augen gehen sofort dem Vergnügen der Farbe und Form nach; das Ohr hastet sogleich dem Vergnügen von Melodie und Ton nach; die Zunge sehnt sich nach Vergnügungen des Geschmacks und seinen Geschmacksrichtungen; die Nase geht dem Vergnügen des Geruchs und den Düften nach; das Organ der Berührung fiebert den Vergnügungen des weichen und angenehmen Berührens nach. Jedes davon hat eine Aufgabe zu erfüllen, aber jedes ist an eine Sinnesfreude seiner eigenen Charakteristik nach verhaftet. Pratyāhāra besteht in der Ablenkung der Sinnesorgane von ihren Sinnesfreuden.

स्वविषयासंप्रयोगे चित्तस्य स्वरूपानुकार इवेन्द्रियाणां प्रत्याहारः ॥ 2.54 ॥

In der Viṣṇu Purāṇa (6.7.43) steht, "Ein Mann,

geschickt im Yoga, der die Organe (Sinnesorgane) zurückgezogen hat, die an den verschiedenen Dingen verhaftet waren, an Klang und so weiter, sollte mit geistigen Betrachtungen beginnen, um etwas für den Geist zu tun, in welchem er dadurch die Absicht schafft, die Sinne zurückzuziehen".

In Bezug auf Pratyāhāra sagt Patañjali, dass diejenigen, die sich mit der Kontrolle der Sinnesorgane beschäftigen, sehr gut mit der Aktivität von citta in seiner essentiellen Form ausgerichtet/synchronisiert werden. Die Verwirbelungen von citta (bzw. des Geistes) sind nicht seine svarupa (Natur) bzw. seine essentielle/ursprüngliche Form; ein Geist welcher frei von den Störungen ist, ist ein Geist in seiner essentiellen Form. Was auch immer angenehm ist an der Sinnesfreude (viṣaya), sie lässt einen vāsanā (bzw. schlussendlich sanskāras - ein mächtiger Zusammenschluss vieler Vasanas/Prägungen) als Schatten zurück, was am Ende dann die Ursache unseres gefesselten Seins wird. Eine Person welche prāṇāyāma praktiziert hat, wird es einfacher finden pratyāhāra zu erlangen. Pratyāhāra führt zu "śreyas" oder "Vidyā" bzw. "Spirituelle Wissenschaft"; und das Gegenteil davon führt zu "Preyas", was wiederum "avidya" bzw. die "materielle Wissenschaft" ist.

Die Kaṭhopaniṣad (2.4) sagt, dass man durch die Praxis von pratyāhāra die vollständige Kontrolle über die Sinnesorgane erlangen kann 'ततः परमावश्यतेन्द्रियाणाम् ।'.

6. Dhāraṇā धारणा – Die Fixierung des citta (des Geistes) auf einen bestimmten Ort ist dhāraṇa oder Konzentration – siehe Sutra 3.1 'देशबन्धश्चित्तस्यधारणा' Konzentration ist die Beschränkung des Geistes auf einen festgelegten Ort. Die Sammlung des Geistes bei jeder Tätigkeit in solchen Orten wie etwa dem

Bauchnabelbereich, dem Lotus des Herzens, dem Kopf, dem strahlenden Scheitel, der Nasen- und der Zungenspitze etc. oder in irgendeinem äußeren Objekt, welches zu Samādhi führt, ist Konzentration. Im ersten Kapitel der Yoga Sūtras vom 32ten bis zum 40ten Sūtra, erklärt Patañjali Methoden, um den Geist beständig zu machen. Beim Befolgen von solchen Methoden kann Dhāraṇā erlangt werden.

7. Dhyāna ध्यान – der kontinuierliche Fluss des Geistes zu pratyaya oder zum Ziel hin, ist Dhyāna, auch Meditation genannt. Ebenso wie ein fließendes Gewässer unaufhörlich in das Meer fließt, genauso beginnt das gesamte Bewusstsein (des individuellen Jivas) hin zu Gott, dem höheren Selbst (Universal), zu fließen. Wenn dies passiert, wird es als dhyāna bezeichnet. Das Sāṅkhya Sūtra (3.30) definiert Dhyāna als: - "Das Entfernen von Anhaftung ist Dhyāna". Oder um es anders auszudrücken: Dhyāna bedeutet den Geist frei von Anhaftungen zu machen.

In Dhāraṇā: können Ablenkungen geschehen, aber in Dhyāna findet keine Störung mehr statt. Es heißt – Sutra 3.2 'तत्र प्रत्ययैकतानता ध्यानम्' Ununterbrochene Präsenz (/Anwesenheit) eines Objektes ist Meditation.

8. Samādhi समाधि: Es gibt einen essentiellen Unterschied zwischen Dhyāna und Samādhi. Im Zustand von Dhyāna verbleiben die drei folgenden Aspekte - (1) der Geist des in Kontemplation Versunkenen (dhyātā), (2) der Akt der Kontemplation (Dhyāna) und (3) das Objekt auf welches sich die Kontemplation richtet (dhyeya) - alle klar voneinander unterscheidbar, wohingegen im Zustand des Samādhi, alle drei als Eins verschmelzen.

Genauso wie ein Ball aus heißem Eisen, der in einem rot glühenden Schmelzofen platziert wird, wird dieser ebenso rot werden und ist dann nicht mehr vom rot glühenden Erscheinungsbild des Schmelzofens zu unterscheiden. Gleichermaßen vergisst sich der Yogī im Zustand von Samādhi selbst, wo er sich befindet und wird daher vollständig in Brahman absorbiert. In Samādhi verschwindet das Objekt der Meditation und das Subjekt (die Wahrheit) alleine erstrahlt – siehe Sutra 3.3 'तदेवार्थमात्रानिर्भास स्वरूपशून्यमिव समाधिः'.

Das Dhyāna, wahrlich Samādhi ist, bei welchem artha (die Bedeutung eines Objekts) alleine erstrahlt und die innewohnende Form bzw. svarūpa (die Wesensnatur) verschwindet. In diesem transzendenten Zustand wird der Denker im Gedanken absorbiert und die Aktivität des Geistes erlischt, als ob er eins mit dem Objekt der Meditation geworden wäre. Ist dies der Fall, wird diese Stufe als spirituelle Absorption bezeichnet.

Von den acht Gliedern (Schritten) des Yogas, welche weiter oben erörtert wurden, sind die ersten fünf als Bahiraṅga Yoga – Externes Yoga und die letzten drei als Antaraṅga Yoga – Internes Yoga bekannt.

Externes (Bahiraṅgas बहिरङ्ग)	Internes (Antaraṅgas अन्तरङ्ग) und auch Sañyama संयम
1) Yama यम	6) Dhāraṇā धारण
2) Niyama नियम	7) Dhyāna ध्यान
3) Āsana असन	8) Samādhi समाधि
4) Prāṇāyāma प्राणायाम	
5) Pratyāhāra प्रत्याहार	

Dem internen Yoga ist ein Vorzug gegenüber dem äußeren zu gewähren, obwohl das äußere (Yoga) nicht vermieden werden kann; Bahiraṅga bzw. die äußeren

(Yogas) stellen die niedrigere Stufe dar, während das antaraṅga bzw. inneres Yoga die nächst höhere, überlegene Stufe darstellt, also Dhāraṇa, Dhyāna und Samādhi. Diese drei letzteren zusammen bilden Sañyama bzw. Vereinigung (siehe Sutra 3.4 त्रयमेकत्र संयमः). Jemand der diese Art von Sañyama praktiziert hat, erlangt sehr leicht prajñā (große Weisheit) bzw. eine göttlichen Intellekt (ewige Wahrheit).

प्रथमोऽध्यायः

समाधि-पादः

Samādhi-pāda

(Transzendentale Meditation)

अथ योगानुशासनम् ॥ 1.1 ॥

atha yogānuśāsanam

1.1 Jetzt beginnt die Disziplin des Yogas.

योगश्चित्तवृत्तिनिरोधः ॥ 1.2 ॥

yogaścittavṛttinirodhaḥ

1.2 Yoga ist das zurückziehen des Geistes von der externen (äußeren) Welt.

Die moderne Wissenschaft identifiziert Bewusstsein (Gewahrsein) mit dem Geist und den Geist mit dem Gehirn. Aus dieser (aus yogischer Sicht falschen) Identifizierung heraus resultiert, dass wir versuchen unser mentales und emotionales Wohlbefinden (Funktionieren) durch das Verändern der Gehirnchemie mit pharmazeutischen Präparaten oder mit psychologischen Mitteln zu verbessern. Der Mainstream der Wissenschaft erkennt normalerweise Bewusstsein (Gewahrsein) nicht als spirituelles oder kosmisches Prinzip, getrennt vom Geist (hier Gehirn gemeint) an, obwohl ein paar Tendenzen in der neuen Physik, wie etwa der Quantenmechanik damit beginnen, dies nahezulegen/plausibel erscheinen zu lassen. Es ist jedoch immer noch ein im Wesentlichen physikalischer Standpunkt, welchen wir bezüglich des Geistes in der heutigen modernen Medizin vorfinden. Der yogische

Blickwinkel auf den Geist ist in dieser Hinsicht sehr verschieden. Dieser gründet sich auf die Meditation und die innere Erfahrung, anstatt auf äußere wissenschaftliche Experimente. Der yogische Blickwinkel versucht, den Geist durch Versenkung und Selbstbeobachtung oder dadurch unser Bewusstsein nach innen zu richten, zu verstehen, anstatt äußere mentale Muster zu analysieren. Er bestärkt uns darin, den Geist zu beobachten, anstatt seinen Reaktionen zu folgen. Er lehrt uns den Prozess der Wahrnehmung zu verstehen, wie wir konditioniert sind, im Gegensatz dazu nur unsere Erinnerungen zu untersuchen. Die Yoga Tradition klassifiziert den Geist auch in einer anderen Art und Weise. Sie definiert den Geist in seiner umfassendsten Bedeutung, welche wir im Sanskrit citta nennen, als den Geist mit sanskāras der sichtbaren Welt. Der Begriff cit drückt den Geist ohne sanskāras aus. Das Konzept von citta beinhaltet Vernunft, Emotion, Sinnesempfindung, Gedächtnis, den instinktiven Teil des Geistes und das Ego. In anderen Worten ist citta ein komplexes System mit verschiedenen Komponenten, ihren Funktionen und Interaktionen; alles in uns, von dem wir gewöhnlicherweise vermuten, dass es zu einem gewissen Grad Bewusstsein aufweist.

Yoga unterscheidet grundlegend zwischen Geist und Bewusstsein (Gewahrsein), was es als zwei separate, aber in Bezug stehende Kräfte ansieht. Yoga betrachtet das Bewusstsein (Gewahrsein), das sich 'cit' nennt, als den "Urgeist" (चित् engl. mind), leer von sankaras (Prägungen, Erfahrungen) und Informationen der materiellen Welt, welche etwas anderes als der Geist bzw. das 'citta' ist (चित्त Geist gefüllt von sankaras oder Prägungen/Eindrücken der materiellen Welt). Dies unterscheidet sich sehr von der modernen Wissenschaft, als auch von den meisten Philosophien auf der Welt, welche generell den Geist als einen mentalen Apparat, welcher letztlich Bewusstsein ist, ansehen. Der Geist ist ein Instrument des Denkens und Fühlens auf verschiedenen Ebenen. Der Geist wird das 'innere Instrument' bzw. antahkarana अन्तःकरण auf Sanskrit genannt, in Bezug zu diesem ist der Körper unser äußeres Instrument. Der Geist wird als der sechste Sinn angesehen, nach den fünf körperlichen Sinnen wird dieser als Organ betrachtet, nicht als unser wahres Wesen, sondern als die Basis für unser Selbstgefühl, unsere Selbstwahrnehmung. Das cit ist die Seele bzw. pures Bewusstsein (चित् Gewahrsein), nicht modifiziert von irgendwelchen mentalen Aktivitäten, während citta der Geist ist, welcher von sanskāras der materiellen Welt gefärbt ist (चित्त).

Yoga betrachtet ebenso Geist und Gehirn als voneinander verschieden, auch wenn diese in Beziehung zueinander stehen. Anmerkung zur deutschen Übersetzung: Das Gehirn ist das physische Gefährt für den Geist, aber nicht der Geist selbst. Der Geist ist die zweite Entfaltung von prakṛti प्रकृति (Urmaterie), d.h. cit (चित्) welcher mit Sanskaras gefüllt ist und dies dann citta (चित्त) darstellt. Dieser citta hat nun ein Gefährt, den physischen Körper, zu dem auch das Gehirn gehört. Der einfachste Beweis: Alles was wir wahrnehmen können, ist von dem was ist scheinbar verschieden. Unter anderem können wir den Körper, Gehirn und Geist wahrnehmen. Zwischen dem Wahrnehmenden und dem Wahrzunehmenden muss logischerweise eine Trennung sein, dass Wahrnehmung stattfinden kann. Die Wahrnehmung ist dann ebenso zusammengesetzt und zeitlich begrenzt, da diese aus mehreren Komponenten besteht. Genauer gesagt, nehmen wir die Qualitäten der Gunas wahr. Nun wird der Vergleich mit dem Geist und Körper weiter erläutert.

Das Puruṣa पुरुष ist unser inneres Selbst, während man sagen könnte, dass der Geist wie unser Computer ist und der Körper wie ein Auto, das wir fahren. Geist und Körper sind unsere inneren und äußeren Instrumente, aber nicht unsere tatsächliche Identität. Ebenso wie du nicht dein Computer bist, ist dein wahres Selbst (/Seele) und Dasein nicht dein Geist. Das Licht (des Bewusstseins), welches es dem Geist erlaubt zu funktionieren, kommt von Puruṣa (Urgeist, Urseele, Selbst, Singularität). Der Geist hat kein Licht für sich selbst genommen. Dein (Ich-)Gefühl des Daseins, dass du ein einzigartiges, vollständiges und ununterbrochenes Zentrum von Bewusstsein bist, kommt vom Wesenskern (Selbst) der Seele, nicht aus dem Geist. (Anmerkung zur deutschen Übersetzung: In einem bekannten Beispiel ist die Sonne das Dasein (cit), das dem Mond seine Leuchtkraft verleiht. Der Betrachter könnte meinen, der Mond (entspräche hier dem Geist citta) leuchte von alleine, leiht aber in Wirklichkeit das Licht der Sonne. So wird das Eigentliche, was ist, scheinbar als etwas anderes gesehen (Wie die berühmte Schlange im Seil).

Im Yoga heißt es, dass die Realisierung seiner wahren Natur oder das Wissen davon alleine die Befreiung des Jivas (der Individualseele) bringt, ganz besonders Selbstkenntnis oder das Wissen vom wahren Selbst im Inneren, das Puruṣa ist.

Wenn wir über das Wissen der Selbsterkenntnis hinsichtlich unseres eigenen Geistes reden, meinen wir mit dem Wissen hauptsächlich die persönliche Geschichte, Gewohnheiten und Neigungen. Die Selbsterkenntnis, die das innere Wesen zum Ziel hat, besteht hingegen aus dem Verstehen der Essenz des Bewusstseins hinter den Gedanken und der persönlichen Geschichte. Obwohl unsere Gedanken sich konstant ändern, bleibt unser innerstes Sein stets unverändert dasselbe.

Die wahre Selbsterkenntnis ist eine Frage des Seins, nicht der Gedanken oder Emotionen. Es ist ein Zustand des (reinen) Seins, nicht der Begebenheiten, Erfahrungen oder bekannter Ideen. Unser innerstes Sein hat keinen konzeptionellen Inhalt, weder ist es konditioniert (gebunden/begrenzt) durch die Zeit, Raum und Handlung. Es ist ein Zustand der Offenheit, Hingabe und Präsenz, wie ein stetiger Faden der all unsere Erfahrungen durchdringt. Es zu kontaktieren bringt uns in einen Zustand des Friedens, in welchem der Geist und seine Psyche natürlich zur Ruhe gebracht werden. Um unser inneres Sein zu erreichen, benötigen wir eine andere Orientierung hin zu unserem Bewusstsein, eine Bereitschaft unsere persönliche Geschichte der sichtbaren Welt loszulassen und ins Innere hinab zu tauchen, was deine persönliche Geschichte offenbaren wird, welche mit der Schöpfung begann.

Normalerweise denken wir bei Selbst-Realisation an die Verwirklichung unserer versteckten persönlichen Potentiale, einigen besonderen Fähigkeiten oder Talenten, welche wir möglicherweise noch nicht entwickelt haben.

Allerdings ist die yogische Selbst-Realisation das Verstehen, dass unser wahres Sein (Selbst) jenseits von Körper und Geist ist, was folglich auch heißt, dass es jenseits der Psyche, Kultur und Konditionierung ist. Es ist die Auflösung des persönlichen, psychologischen Seins (Individuelles Selbst) in das Sein (Universales Selbst) welches nicht geboren ist und nicht stirbt.

Wahres Bewusstsein ist nicht im Geist verkörpert, welcher eine Konditionierung des Bewusstseins darstellt, was lediglich eine Kollektion von Tendenzen und Handlungen unserer verschiedenen Geburten ist. Das wahre Bewusstsein ist ein universelles Prinzip (bzw. eine

Kraft) wie der Raum. Es kann nicht auf irgendeinen Körper oder Geist limitiert werden. Der Geist (chit), leer von Information über die materielle Welt, kann es bestenfalls reflektieren, was voraussetzt, dass der Geist still, subtil und nach innen gerichtet (sensibel fürs Innere) ist, all dies bewerkstelligt Yoga mit dem Geist. Gleichzeitig tritt die äußere Welt aus dem Geist hervor.

Wir müssen lernen von der Verkörperung zur Entkörperung zu gelangen, in welcher wir unser persönliches Selbst ins universelle Selbst transzendieren.

Das geschieht, wenn wir zu der Wurzel des Geistes gehen und das Licht des Bewusstseins entdecken, welches durch den Geist scheint.

Geist und Selbst-Realisation

Für eine solche höhere Selbst-Realisierung spielt der Geist eine entscheidende Rolle. Der Geist kann das Instrument der Knechtschaft oder der Befreiung sein, Ignoranz oder Erleuchtung (das Wissen, was genau prakrti प्रकृति und purusa पुरुष sind, sowie deren Bezug zueinander verstanden zu haben und dieses in die Praxis umzusetzen, seine wahre Natur von der scheinbaren unterscheiden zu können und trotzdem nach den Grundsätzen des Dharmas zu handeln ist Erleuchtung, in diesem Sinne Selbst-Realisation, jivanmukti जीवन्मुक्ति). Wenn wir den Geist auf die äußere Welt (aus-)richten und diese für die Realität halten, wird er zu einer Kraft der Anhaftung und des Leids. Wenn wir den Geist auf das innere Sein als die Realität (aus)richten, verlangsamt sich dieser und der Geist reflektiert dadurch die höhere Realität. Der Geist wird zu einem Spiegel für das Licht des Selbst, und lässt es so erstrahlen. Um eine Analogie heranzuziehen, arbeitet der Geist nach dem gleichen Prinzipien wie das Hubble Teleskop. Es reflektiert die Bilder des Universums ebenfalls (nur) durch seinen ausgeklügelten Spiegelmechanismus. Daher ist es die Essenz des Yogas, den Geist nach innen zu richten. Dafür muss der Geist zuerst in einen einpünktigen Zustand gebracht werden. Ein zerstreuter Geist kann nicht nach innen gerichtet werden. Dieser Prozess des 'Nach-Innenschauens' kann als das Versenken des Geistes in das tiefere Bewusstsein (Sein), das dem Herzen innewohnt, angesehen werden

Das Wissen des Geistes ist konzeptuell bzw. basiert auf Gedanken. Es resultiert in Fakten, Daten, Informationen, Idealen, Theorien, Meinungen, Konzepten oder Formeln. Unser inneres Sein hat eine höhere Art des Wissens, welches grundlegend verschieden ist von dem, was der Geist wissen kann. Unser inneres Sein hat ein spezielles "Wissen seiner Identität", welches nicht verfärbt ist durch Gedanken und seine Vorurteile (/vorgefassten Meinungen). Durch das innere Sein kann man mit dem inneren Sein von Allem verschmelzen, mit dem man durch den Körper und die Sinne in Kontakt kommt. Für die meisten von uns ist diese Begebenheit sehr schwer vorzustellen. Aber immer, wenn der Geist völlig konzentriert wird, erfährt er einen Quantensprung im Bewusstsein und ein spezielles Wissen entfaltet sich durch die innere Vereinigung vom Seher und Gesehenen. Dieses innere Wissen über unsere wahre Identität ist das tatsächliche yogische Wissen, welches uns von allen Fesseln und Leiden befreit. Alles was der Geist weiß, sind nur Gedanken, welche wiederum nur Name und Form sind, nichts weiter als eine Modifikation des Geistes. Wahres Wissen ist Wissen über das Sein, welches sich durch das reine Bewusstsein (chit) entfaltet, wenn die mentale Aktivität zur Ruhe kommt und der Geist gelassen, ruhig und still wird.

Vom Geist zum Bewusstsein

Wir müssen lernen uns hinter den Geist zu begeben, hin zum reinen Bewusstsein, was bedeutet zu unserer wahren Natur, unserem inneren Sein, zurückzukehren.

Es bedeutet in Stille und Frieden in sich zu ruhen, ohne dass dies von einem Gedanken, einer Meinung, einem Glaube oder einer Schlussfolgerung berührt werden kann. Es bedeutet, in das Reich des Seins und der direkten Erfahrung einzutreten, wohin keine Wörter gehen können, das keine äußere Spur hinterlässt, wo man zu Alles und Nichts wird.

Der Geist ist ein exzellentes Werkzeug und Instrument für das Bewusstsein. Dieser hat eine wundervolle Fähigkeit für Handlung, Ausdruck, Gedächtnis und Koordination für unsere äußeren Handlungen. Aber wenn wir versuchen Bewusstsein durch den Geist zu verstehen, fallen wir in spirituelle Ignoranz und Verwirrung. Wir identifizieren hier fälschlicherweise unser wahres Selbst und Sein mit unserem äußeren Sein. Wenn wir im reinen Bewusstsein verweilen, dann hat der Geist dennoch seinen Platz, um uns zu helfen im Leben zu funktionieren. Lerne den Geist zu beobachten. Verweile als Seher des Geistes und seiner Veränderungen bzw. Modifikationen. Das ist das Yoga der Meditation, welches den Geist von seinen Konditionierungen (sanskāras) befreit und uns befähigt in unserer wahren Natur zu ruhen, die wahre Realität (so wie sie ist) zu sehen.

तदा द्रष्टुः स्वरूपेऽवस्थानम् ॥ 1.3 ॥

tadā draṣṭuḥ svarūpe'vasthānam

1.3 Wenn der Geist von der äußeren Welt zurückgezogen wird, dann festigt sich der Sucher in seiner wahren Natur.

वृत्तिसारूप्यमितरत्र ॥ 1.4 ॥

vṛttisārupyam itaratra

1.4   Andernfalls identifiziert sich der Sucher mit dem Geist und seinen vṛttis (Tendenzen).

Wenn eine Person nicht in der Lage ist Kontrolle über ihren Geist auszuüben, wird ihr Geist sie überwältigen und sie in Richtung der weltlichen Verlockungen führen, wie es auch der Natur des Geistes entspricht, dies zu tun. Unser Körper und Geist sind Teile von Prakṛti (प्रकृति Natur), daher ist es nur natürlich, dass diese zur äußeren Welt hingezogen werden, bis und sofern nicht eine vernünftige Kontrolle über diese (Körper und Geist) ausgeübt wird. Das Yoga der Meditation befreit den Geist von seinen Konditionierungen der äußeren Welt und erlaubt es uns, in unserer wahren Natur zu ruhen, die Realität zu sehen, wie sie ist.

वृत्तयः पञ्चतय्यः क्लिष्टाऽक्लिष्टाः ॥ 1.5 ॥

vṛttayaḥ pañcatayyaḥ kliṣṭā'kliṣṭāḥ

1.5   Wenn der Geist den Objekten der externen Welt ausgesetzt ist, werden die fünf vṛttis (Tendenzen) gebildet. Diese können schmerzvoll oder freudvoll sein.

प्रमाणविपर्ययविकल्पनिद्रास्मृतयः ॥ 1.6 ॥

pramāṇa viparyaya vikalpa nidrāsmṛtayaḥ

1.6   Diese sind:

1. Authentisches Wissen (प्रमाण **Pramāṇa**)

2. Falsches Wissen (विपर्यय **Viparyaya**)

3. Fiktion (विकल्प **Vikalpa**)

4. Schlaf (निद्रा **Nidra**)

5. Gedächtnis (स्मृति **Smrti**)

1. **Authentisches Wissen** (प्रमाण Pramāṇa)

Authentisches Wissen bzw. Kognition ist Wissen über etwas. Die Yoga-Psychologie nennt dies pramāṇa. Die Schule des Nyāya Darśana bezeichnet dies einfach als pramā und das Mittel durch welches der Prozess von pramā (Kognition) zu erlangen ist, ist aus dem Nyāya Darsana als prāmaṇa bekannt. Pramākaraṇam pramāṇam. 'Die Mittel von pramā sind als pramāṇa bekannt.'

प्रत्यक्षानुमानागमाः प्रमाणानि ॥ 1.7 ॥

pratyakṣānumanāgamāḥ pramāṇāni

1.7   Pramāṇa vṛtti (die Tendenz Information über ein äußeres Objekt als authentisch anzusehen) des Geistes entsteht, wenn ein Objekt der externen Welt durch die Sinnesorgane (direkt) wahrgenommen wird oder es auf der Basis von Information, welche bereits darüber im Geist verfügbar ist, abgeleitet oder geschlussfolgert werden kann oder durch eine Aussage von bisherigen Autoritäten auf diesem Gebiet oder durch Niederschrift in den Śāstras als belegt bzw. als gegeben gilt.

1. (Pratyaksa प्रत्यक्ष) Wahrnehmung durch die Sinnesorgane.

2. (Anumāna अनुमान) Inferenz (aufbereitetes Wissen, das aufgrund von bestehendem Wissen und logischen Schlussfolgerungen gewonnen wurde), sprich auf der Basis einer bereits vorhandenen Information.

3. (Āgama अगम) Aussagen eines Weisen/Gelehrten oder der Śāstras.

Bevor nun eine detaillierte Übersicht über die Natur und Definition der drei Arten der Kognition gegeben wird, ist es hier notwendig aufzuzeigen, dass die Nyāya-Philosophie unter anderen von Patañjali erwähnten, auch upamāna (den Vergleich) als das vierte Mittel der Kognition aufzählt. Sutra 1.7 प्रत्यक्षानुमानोपमानाप्तोपदेशाः प्रमाणानि pratyakṣānumānopamān-āptopadeśāḥ pramāṇāni.

1. Wahrnehmung (Pratyakṣa प्रत्यक्ष): Geschieht in der Präsenz der Sinnesorgane und eines äußeren Reizes (Indriyārtha sannikarṣa). Umgekehrt kann gesagt werden, dass Wahrnehmung eine Empfindung voraussetzt.

Der Nyāya Philosoph definiert Wahrnehmung als इन्द्रियार्थं सन्निकर्षजन्यं ज्ञानं प्रत्यक्षम् indriyārtha sannikarṣa janyaṁ jñānaṁ pratyakṣam.

'Die Nähe der Sinnesorgane zu einem Stimulus/Sinneseindruck führt wiederum zu dem Prozess der Wahrnehmung.'

Daher ist die Wahrnehmung die erste Art der Kognition (Mittel um Wissen zu erlangen), welche auf einem Sinneseindruck basiert. Psychologen der modernen Wissenschaft erwägen trotzdem, dass ein Sinneseindruck auch alleine eine (Art der) Kognition ist. Andererseits akzeptieren die uralten indischen Gelehrten den Sinneseindruck für sich nicht als eine Kognition. Vielmehr wird hier der Sinneseindruck (/die Empfindung) als grundlegender Faktor angesehen, bzw. etwas, das der Wahrnehmung vorangeht, bzw. als ein Element der Wahrnehmung.

2. Inferenz: (Anumāna अनुमान, Schlussfolgerung): wird als eine Art der Kognition (Mittel um Wissen zu erlangen) oder Mittel der Kognition angesehen. Zum Beispiel wenn jemand Rauch sieht, dann kann geschlussfolgert werden, dass auch Feuer vorhanden sein muss. यत्र यत्र धूमः तत्र-तत्र वह्निः yatra yatra dhūmaḥ tatra tatra vahniḥ)

'Wo Rauch ist, gibt es auch Feuer.' Diese Art der Argumentation führt zur Kognition. Daher kann Inferenz als eine Art der Kognition oder Mittel der Kognition angesehen werden. Bei der Kognition durch Inferenz ist die mentale Funktion der Vorstellungskraft ebenfalls involviert.

3. Autorität (आगम Āgama): Eine andere Art der Kognition ist die Autorität bzw. das Zeugnis' einer Person, welche ein älterer Gelehrter auf dem Gebiet dieses Wissens ist. Die Kognition von allem kann nie direkt bzw. durch direkte Erfahrung erfolgen. Für die Kognition der meisten Dinge ist man abhängig von den Weisen, welche wiederum das Wissen von ihren Vorfahren in der Tradition überliefert bekommen haben. Daher wird die Kognition am häufigsten von Älteren auf Jüngere übertragen. Das ist auch der Hintergrund, warum wir überhaupt Fortschritte bei unserem Wissen machen können. Hätten wir es nicht durch die Autorität oder das Zeugnis der Alten (überliefert) bekommen, wäre es nie zu einem Fortschritt gekommen, weil jeder bei Null anfangen müsste. Das Wissen würde auch teilweise dann wiedererlangt und dupliziert werden, aber es würde sich nicht weiterentwickeln, da immer wieder bei Null angefangen werden müsste. Es hätte wahrscheinlich eher stagniert. Aus diesem Grund ist es wegen der vorhergegangenen Diskussion glasklar, dass die Autorität (Āgama) ein entscheidender Faktor ist, welcher zur Kognition führt. In der Tat ist das Zeugnis die Kognition von historischen Fakten. Ein Beispiel in der Technik wäre der Traum vom Fliegen. Der Mensch träumt seit er Denken kann vom Fliegen. Stück für Stück wurde es über Generationen hinweg weiterentwickelt, bis schließlich die heutige Form eines Flugzeuges erschaffen wurde. Durch gebündeltes, weitergegebenes Wissen konnte an einer Stelle weiter geforscht werden, für die andere Menschen bereits einen Weg vorbereitet hatten.

Früher hatten die Psychologen keine Ahnung von diesem Faktor, aber heutzutage wird die indische Philosophie umfangreich und ausführlich in anderen Ländern studiert. Moderne Psychologen müssen zunehmend erwägen, über die Inferenz und Zeugnis zu sprechen, wenn diese sich mit den Konzepten der Kognition beschäftigen.

4. Vergleich (उपमान Upamāna): Der vierte Faktor, welcher in der Kognition hilfreich ist, ist das Vergleichen. Kognition wird manchmal durch den Vergleich von einem Objekt mit einem anderen erlangt. Wenn zum Beispiel jemand einen Nīla-gāya (blauen Bullen) im Dschungel sieht, ist es demjenigen möglich, durch den Vergleich von dieser Wahrnehmung mit seinem Erfahrungsschatz, etwa einer Kuh, die er schon in seiner Nachbarschaft gesehen hat, festzustellen, um was es sich in diesem Fall handelt.

Bei der Kognition, unter Nutzung des Vergleichs, ist die mentale Funktion des Gedächtnisses auch sehr stark involviert, zum Beispiel wird die bereits erlebte Erfahrung, das frühere Sehen der Kuh, durch das Gedächtnis reproduziert, was uns wiederum beim Erkennen des Nīla-gāya (blauen Bullen) im Dschungel hilft.

Einfach nur wegen der Beteiligung einer mentalen oder anderen Funktion, kann die involvierte Funktion nicht als eine Form der Funktion definiert werden. Dies ist, was moderne Psychologen im Falle der mentalen Funktionen der Erinnerung und Vorstellung, auf Grund ihrer Verwicklung in die mentalen Funktionen der Wahrnehmung, mittels Inferenz und des Vergleichs, getan haben. Wie auch immer, die uralten indische Psychologen haben diese (die mentalen Funktionen, wie etwa Gedächtnis, Erinnern) nicht in die Formen der

Kognition (Erkenntnis) miteinbezogen.

Die oben erwähnten Arten der Kognitionen werden von den einzelnen Individuen im Laufe ihres normalen Alltags erlangt. Die Kognition (Erkenntnis) einer Vielzahl von Objekten oder Dingen ist nicht möglich. Als Beispiel können wir nur eine Sinnesempfindung der Objekte oder Dinge haben, die sich in unserem Bereich des Wahrnehmbaren durch die Sinnesorgane befinden, welche die Wahrnehmung für uns ermöglichen. Aber manchmal sind die Objekte oder Dinge wegen ihrem Standort oder ihrer Größe nicht innerhalb der Reichweite einer möglichen Sinnesempfindung bzw. unserer Sinnesorgane, als dass diese die Objekte wahrnehmen könnten. Das Auge kann nur Objekte innerhalb eines bestimmten Bereiches sehen, unsere Ohren können ebenfalls nur innerhalb eines bestimmten Bereiches hören, unsere Nase kann nur bis zu einer bestimmten Distanz etwas riechen, unsere Haut nur eine Sinnesempfindung von den Objekten haben, die ihr sehr nahe sind; wir können auch nur Dinge schmecken, die in unseren Mund kommen.

In anderen Worten kann man sagen, dass ein Individuum keine Kräfte für (die) übersinnliche Wahrnehmungen hat. Hier ist es notwendig aufzuzeigen, dass das Betätigungsfeld von Yoga anfängt, wo der Bereich der Sinneswahrnehmung aufhört. Yoga beschäftigt sich mit übersinnlicher Wahrnehmung. Es erklärt eine Technik, wie die Kraft der übersinnlichen Wahrnehmung entwickelt werden kann. Es erklärt, wie ein Individuum eine übersinnliche Wahrnehmung von Dingen haben kann, deren Standort weit entfernt ist, oder auch wenn hierbei ein anderes Objekt zwischen dem gewünschten Objekt der Wahrnehmung liegt, oder auch von Objekten die eine atomare Größe aufweisen und schlussendlich auch die übersinnliche

Wahrnehmung (bzw. Realisation) des Selbst bzw. wie sich das individuelle Bewusstsein in Form des universellen Bewusstseins wahrnimmt.

Yoga stattet den Praktizierenden mit dem göttlichen Sehen, göttliches Hören, göttlichen Riechen, göttlichen Hautempfindungen und göttlichen Geschmack aus. Es erklärt, wie das Individuum mit der göttlichen Sicht Objekte sieht, welche durch andere Objekte verdeckt sind oder an weit entfernten Plätzen sind oder eine atomare Größe haben. Es zeigt auch auf, wie ein Individuum mittels des göttlichen Hörens Klänge von weit entfernten Orten wahrnehmen bzw. hören kann; mit den göttlichen Sinnesempfindungen auf der Haut, können Objekte gefühlt werden, welche an weit entfernten Orten sind; mit dem göttlichen Schmecken kann der Geschmack von weit entfernten Dingen geschmeckt werden.

Wahrnehmung ist die Realisation der Präsenz von einem Stimulus, aber es sollte hier auch in Erinnerung gerufen werden, dass nach den vedischen Gelehrten bereits die Realisation der Abwesenheit eines Stimulus schon eine Wahrnehmung darstellt. Wenn z.B. das Glas nicht auf dem Tisch ist oder das Glas auf dem Tisch fehlt, ist dies auch eine Wahrnehmung, welche aus der Begebenheit der Realisation von einem Stimulus, welcher nicht vorhanden ist, aufsteigt.

2. Falsche Kognition (viparyaya vṛtti)

Nachdem die Natur von 'pramāṇa vṛtti' erläutert wurde, wird nun die Natur von 'viparyaya vṛtti' definiert:

विपर्ययो मिथ्याज्ञानमतद्रूपप्रतिष्ठम् ॥ 1.8 ॥

viparyayo mithyājñānamatadrūpapratiṭham

1.8   Viparyaya vṛtti (विपर्यय वृत्ति) Viparyaya vṛtti des Geistes entwickelt sich aus der falschen Information heraus, bzw. aus einer Information, die nicht im Einklang mit der Sache ist, so wie sie (wirklich) ist und somit nicht in der Lage ist die wahre Natur eines Konzeptes, einer Sache oder eines Objekts im Außen zu erklären.

3. Fiktion (विकल्प वृत्ति *vikalpa vṛtti*)

Nachdem die Natur der 'falschen Kognition' genannt wurde, kommt nun der dritte vṛtti des Geistes, welcher Vikalpa (Fiktion) genannt wird:

$$शब्दज्ञानानुपाती वस्तुशून्यो विकल्पः ॥ 1.9 ॥$$

śabdajñānānupāti vastuśūnyo vikalpaḥ

1.9   [Vikalpaḥ] Vikalpa vṛtti des Geistes entwickelt [śabdajñānānupātī] sich auf der Basis von verbaler Information, wenn ihr tatsächlicher Inhalt nicht bekannt ist, bzw. wenn keine materielle Information der äußeren Welt verfügbar ist, die mit der verbalen Information assoziiert ist.

Anmerkung: Wenn ein Wort gehört wird, dann hat der Geist eine Tendenz, dieses mit einem Objekt oder Ding der externen Welt zu assoziieren, welches ihm bekannt ist, selbst wenn dieser nicht über äußere materielle Information verfügt, von denen der Klang bzw. das Wort berichtet.

Hierbei ist Vikalpa ein Zustand des Geistes, bei dem es keine materielle Information der äußeren Welt gibt. Saṅkalpa ist ein Zustand des Geistes, in welchem dieser voller Informationen der äußeren Welt ist. Beide Kommentatoren, Vyāsa und Bhoja zitieren die gleichen Beispiele, um den Vikalpa Zustand des Geistes zu verdeutlichen. Wenn zum Beispiel jemand sagt 'Bewusstsein ist die Natur von Puruṣa', fällt diese Aussage unter die Kategorie von Vikalpa. In dieser Aussage wurden Puruṣa und Bewusstsein als zwei verschiedene

Dinge aufgeführt, wohingegen es sich in der Realität so verhält, dass Bewusstsein nicht verschieden ist von Puruṣa. Aber ein Individuum, dessen Geist sich im Zustand von Vikalpa befindet, akzeptiert es, ohne den Fakt zu verifizieren. Ebenso wie Schulkinder oft ihren Lehrern blind vertrauen und glauben, ohne deren Autorität in Frage zu stellen.

4. Schlaf (*Nidrā vṛtti* निद्रा वृत्ति)

Die Natur des vierten Zustand des Geistes ist bekannt als Nidrā vṛtti (Schlaf), was im Folgenden nun definiert ist:

अभावप्रत्ययालम्बना वृत्तिर्निद्रा ॥ 1.10 ॥

abhāvapratyayālambanā vṛttirnidrā

1.10   Die Abwesenheit des Bewusstseins im Geist ist bekannt als nidrā vṛtti (Schlafzustand des Geistes).

Anmerkung: Während des Schlafens, wird der Geist von tamas beherrscht und bleibt so im Zustand der Dunkelheit. Das Bewusstsein ist abwesend. Ein solcher Geist ist sich während des Schlafs nichts bewusst.

Obgleich der unbewusste Teil von ihm am Arbeiten ist, nimmt er alles an Eindrücken auf, welche er im Zustand des Schlafes erfährt bzw. auch die Erfahrung des Schlafes selbst, daher kann auch jemand der geschlafen hat, Auskunft darüber geben, ob er gut oder schlecht geschlafen hat oder ob er während des Schlafes ruhelos war.

5. Gedächtnis (स्मृति वृत्ति *Smṛti vṛtti*)

Die Natur des fünften Zustand des Geistes ist bekannt als Smṛti vṛtti (Gedächtnis), welcher hier definiert ist:

अनुभूतविषयासंप्रमोषः स्मृतिः ॥ 1.11 ॥

anubhūta viṣayāsaṁpramoṣaḥ smṛtiḥ

1.11 Das nicht Vergessen des Wahrgenommenen, Erfahrenen oder realisierter Fakten oder Dinge wird Smṛti vṛtti (Gedächtnis, Zustand des Geistes) genannt.

Gedächtnis ist das Nicht-Vergessen des wahrgenommenen Objekts.

Hier ist das Wort des „Nicht-Vergessens" wichtig. Es deutet darauf hin, dass es gewünscht ist, dass das Gedächtnis selektiv ist.

Die Definition des Gedächtnisses nach dem Yoga Philosophen Patañjali, wird hier als das Nicht-Vergessen von Wissen das erfahren wurde oder eines Faktes bezeichnet, zeigt klar, dass das Gedächtnis daraus besteht, eine erlebte Erfahrung im Gedächtnis abzurufen, welche hier als sanskāra enkodiert wurde. Es umfasst Speicherung und Erinnern.

Prozess des Gedächtnisses:

Nach Patañjali kann das Gedächtnis in die folgende Teile zerlegt werden:

(1) **Anubhava अनुभव** : Der erste Prozess des Gedächtnisses ist Anubhava. Anubhava wird erlangt durch das wahrnehmen eines Faktes. In der Tat ist Anubhava eine Art des Lernens, welche daraus besteht Fakten wahrzunehmen.

(2) **Saṅskāra संस्कार** : Sañskāra ist der zweite Teil des Gedächtnisses. Wahrgenommenes oder erfahrenes Wissen oder Fakten werden in Form von sanskāras oder karmas in den Geist eingeprägt und werden für immer in ihm behalten.

(3) Das **Erinnern** oder 'Nicht-Vergessen' ist der dritte Teil. Es ist Reproduktion. Es besteht aus dem Wiederaufgreifen des aufgeprägten Sañskāra bzw. der früheren Erfahrungen.

Bezüglich des zweiten Teiles des Gedächtnisses kann man die Frage stellen, ob die sanskāras, welche auf den Geist aufgeprägt sind, nur kurzzeitig oder für immer hier bestehen bleiben. Die Antwort von Patañjali auf diese Frage ist sehr einfach. Laut ihm sind die sanskāras ein nicht trennbarer Teil des Gedächtnisses. Tatsächlich ist das Gedächtnis aus sanskāras geformt. Also sind sanskāras Faktoren im Gedächtnis. Einmal auf den Geist aufgeprägt, werden diese niemals gelöscht. Der Geist ist ein Teil des ewigen Bewusstseins. Es ist ewig(/fortlaufend) und trägt die Aufzeichnung seines Gedächtnisses und sanskāras durch die sukzessive aufeinanderfolgenden Geburten/Leben.

जातिदेशकालव्यवहितानामप्यानन्तर्यं स्मृतिसंस्कारयोरेकरूपत्वात् ॥ 4.9 ॥

jātideśakālavyavahitānāmapyānantarya'smṛtisa'skārayor ekrūpatvāt //

Daher ist das Gedächtnis ein ewiger Prozess des Geistes. Es kann abgerufen werden, unabhängig von Ort, Zeit oder Geburt. Daher können wir auch (auf) Menschen treffen, welchen es möglich ist, ihre Erinnerungen der vorherigen Leben abzurufen.

Inhalte des Gedächtnisses:

Diese sind **Śabda** (शाब्द Wort), **artha** (अर्थ Objekt bzw. Realität) und Wissen (**jñāna** ज्ञान, hier das mentale Bewusstsein eines Dinges oder Wortes) die Inhalte des Gedächtnisses. Es existiert entweder im Sinne von Wörtern oder Objekten (Bedeutung) oder dem Wissen von der Existenz von diesen Wörtern oder Objekten.

So lange das Gedächtnis alle diese drei genannten Inhalte hat, ist es dem Praktizierenden im Yoga möglich, diese drei zusammen heranzuziehen und über diese zu meditieren. Beispielsweise das Objekt, Wort und das Wissen über dieses Objekt oder Wort.

Daher zielt die Meditation eines Yogapraktizierenden darauf ab, das Gedächtnis so zu konditionieren, dass die drei o.g. Inhalte integriert werden. Nehmen wir an, der Praktizierende konzentriert sich auf Iśvara ईश्वर. Hierzu gibt es einen Namen, AUM bzw. auch andere Wörter für ihn. Es gibt die Realität, die Iśvara genannt wird, die eine Präsenz mit ihren Attributen bzw. 'Nicht-Attributen' und es gibt ein Wissen bzw. eine Bewusstheit über seine Präsenz. Daher ist Konzentration eine Vereinigung von diesen drei Aspekten in einem und das Erlangen hiervon ist die Richtung, in welche sich der Praktizierende im savitrka samādhi bewegt.

तत्र शब्दार्थज्ञानविकल्पैः संकीर्णा सवितर्का समापत्तिः ॥ 1.42 ॥

tatra śabdārthavikalpaiḥsaṅkīrṇā savitrkā samāpatti ॥

'Samādhi praktiziert mit Worten, Objekten und deren Wissen (Bewusstsein), ist als savitrkā samāpatti bekannt.'

Die Reinigung des Gedächtnisses:

Die Absicht von Patañjali ist es den Geist so zu bearbeiten, dass dieser für die Selbst Realisation bereit ist, das Ziel der Selbst Realisation kann nicht durch savitrkā samāpatti (der Verschmelzung zwischen dem Wort, Form und Wissen über ein Objekt) erlangt werden. Zuerst hat ein Praktizierender sich von savitrkā samāpatti zu nirvitarkā samāpatti (das Licht eines Objektes scheint alleine, dies wird dadurch erlangt, dass savitrkā samāpatti praktiziert und gemeistert wird) zu begeben. Der Sprung von savitrkā samāpatti zu nirvitarkā samāpatti ist nicht möglich, wenn nicht zuvor das Gedächtnis von den oben genannten Inhalten freigemacht wird. Dieser Prozess ist als Reinigung des Gedächtnisses bekannt. Das Gedächtnis kann mit der Hilfe des Geistes freigemacht/geleert werden, indem er nur auf das Objekt selbst meditiert, z.B. Iśvara, und hierbei das Wort und das Wissen (Bewusstheit) darüber ganz weglässt. Nach der Perfektion in savitarkā samādhi, die Praxis, welche für nīrvītārkā samādhi vorbereitet, macht den Geist langsam frei bzw. bereinigt diesen von seinen Inhalten.

Nach Patañjali nennt sich der Zustand der Meditation (im Kontext bzgl. des Bereinigens bzw. Freimachens des Gedächtnisses), in welchem der Geist wie leer ist und scheinbar in sich abwesend ist und nur noch das Licht des (Meditations-)Objektes alleine scheint, nivitarkā samādhi.

स्मृतिपरिशुद्धौ स्वरूपशून्येवार्थमात्रनिर्भासा निर्वितर्का ॥ 1.43 ॥

smṛtipariśuddhau svarūpaśunyevārtha mātra nirbhāsā nirvitarkā ॥

Die Perfektion von nirvitarkā samādhi (Objekt, Wort und Wissen über eine Sache sind im Prozess verschmolzen, der Geist bzw. das Gedächtnis wurde soweit geleert, dass jeweils nur das Licht eines Objektes scheint, das durch Objekt, Wort und Wissen darüber verschmolzen ist) ist grundlegend wichtig, um das spirituelle Licht und Glückseligkeit zu erlangen.

निर्विचारवैशारद्येऽध्यात्मप्रसादः ॥ 1.47 ॥

nirvicāravaiśāradye' dhyātma prāsādaḥ ॥

Wenn der Geist den Dingen der externen Welt ausgesetzt ist bzw. mit diesen in Kontakt kommt, entwickeln sich hierdurch vṛttis, welche für den Sucher auf dem Weg des Yogas eine Hürde sind/darstellen. Weil diese vṛttis das Bild einer sichtbaren Welt im Geist in Form von sanskāras am Leben erhalten. So lange wie die sichtbare Welt im Geist lebendig ist, kann ein Sucher kein mokṣa erlangen. Daher kann ein Sucher welcher mit diesen vṛttis im Bunde ist kein Yogi werden. Um von diesen vṛttis frei zu werden, bzw. ihnen nicht zu gestatten, dass sie entstehen, ist es essentiell, den Geist von der Außenwelt zurückzuziehen.

Hier könnte man natürlich berechtigterweise die Frage stellen, wie man den Geist von den externen Objekten zurückziehen kann. Die Antwort von Patañjali lautet:

अभ्यासवैराग्याभ्यां तन्निरोधः ॥ 1.12 ॥

abhyāsavairāgyābhyāṃ tannirodhaḥ

1.12 Durch Abhyāsa (Konstante Bemühungen (Praxis)) und vairāgya (Verhaftungslosigkeit gegenüber den Objekten der alltäglichen Welt (externe Welt), kann der Geist von der sichtbaren Welt zurückgezogen werden.

Hier wird nun die Natur von abhyāsa अभ्यास definiert:

तत्र स्थितौ यत्नोऽभ्यासः ॥ 1.13 ॥

tatra sthitau yatno'bhyāsaḥ

1.13 Bemühungen den Geist beständig zu machen bzw. zu stabilisieren werden abhyāsa genannt.

स तु दीर्घकालनैरन्तर्यसत्कारासेवितो दृढभूमिः ॥ 1.14 ॥

sa tu dīrghakālanairantaryasatkārāsevito dṛḍhabhūmiḥ

1.14 Wenn abhyāsa (Bemühungen den Geist zu festigen) konstant mit positivem Denken zusammen praktiziert wird, wird dieser fest gegründet.

Nun wird die Natur von vairāgya वैराग्य (Verhaftungslosigkeit) definiert.

दृष्टानुश्रविकविषयवितृष्णस्य वशीकारसंज्ञा वैराग्यम् ॥ 1.15 ॥

dṛṣṭānuśravikaviṣayavitṛṣṇasya vaśīkārasaṃjñā vairāgyam

1.15 Frei von Verlangen nach weltlichen Objekten, welche direkt gesehen bzw. genossen werden oder auch für die, von welchen andere berichten oder durch die

Śāstras bekannt sind, wird die vaśīkāra Art von vairāgya genannt. Die Vaśīkāra Art des vairāgya ist eine niedere Art des vairāgya und dies bedeutet sich in der Meditation der Verlangen im Geist zu entledigen.

Die niedere Art von vairāgya ist von viererlei Art: yatamāna, vyatireka, ekendriya und vaśīkāra. Vaśīkāra ist folglich eine Art von diesen.

Nachdem die Natur von den vaśīkāra Arten der niederen Form von vairāgya definiert wurde, wird hier nun die Natur der Haupt- vairāgya definiert:

तत्परं पुरुषख्यातेर्गुणवैतृष्ण्यम् ॥ 1.16 ॥

tatparaṃ puruṣakhyāterguṇavaitṛṣṇyam

1.16   Die Haupt- vairāgya (Leidenschaftslosigkeit), welche höher ist als die Arten von vaśīkāra der niederen Formen von vairāgya, wird dadurch erlangt, dass die wahre Natur des Selbst realisiert wird. Dies nennt sich Guṇa vaitṛṣṇya vairāgya.

Nun wird die Natur von saṃprajñāta (vollkommene Erkenntnis) und asaṃprajñāta Yoga definiert, welche durch vairāgya (Verhaftungslosigkeit) erlangt werden kann.

वितर्कविचारानन्दास्मितारूपानुगमात् संप्रज्ञातः ॥ 1.17 ॥

vitarkavicārānandāsmitārūpānugamāt saṃprajñātaḥ

1.17   Nach den vier Stufen des Yoga ist saṃprajñāta Yoga von viererlei Art: vitarka, vichāra, ānanda und asmitā (Abbildung 11).

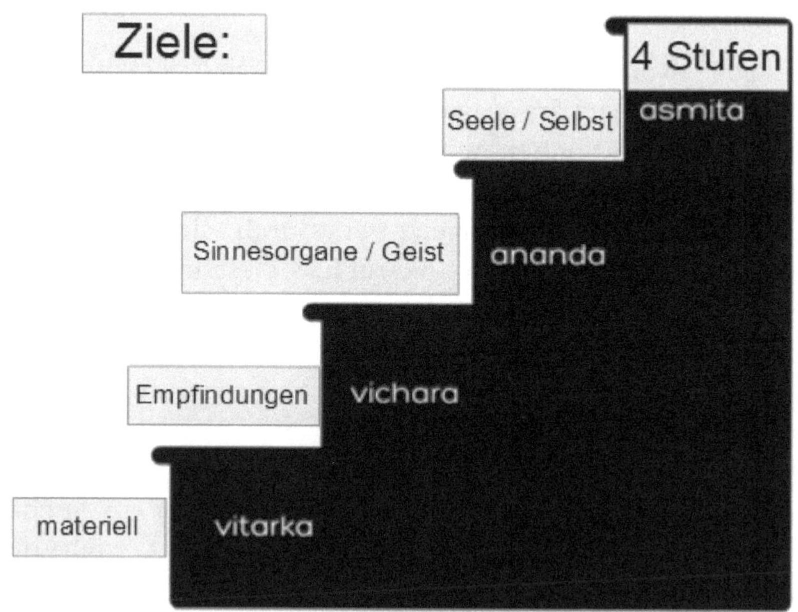

Abbildung 9, Vier Arten von Yoga.

Anmerkung: So wie im Schießsport erst mal mit einem größeren Ziel angefangen wird und es nach und nach sukzessive verkleinert wird, bis das eigentliche Ziel erreicht ist und der Schütze auch dieses Treffen kann.

Gleichermaßen muss ein Sucher, um Perfektion im samprajñāta Yoga संप्रज्ञात योग zu erlangen, die vier Arten der Praxis des Yogas bestehen, angefangen bei den materiellen Zielen (der materiellen Stufe). Wobei der Praktizierende als finales Ziel die Seele (Universell) hat.

Die erste Stufe nennt sich vitarka Yoga वितर्क योग. Im vitarka Yoga, wird ein materielles Ziel vorgegeben, da der Sucher seinen Geist noch nicht auf abstrakte Ziele fokussieren kann. Daher ist auf der Stufe von vitarka das Ziel, welches es für den Sucher zu realisieren gilt, die Form oder Größe eines materiellen Elements bzw. die Form oder Gestalt von materiellen Objekten, die aus materiellen Elementen bestehen (Erde, Wasser, Feuer, Luft und ākāśa).

Die zweite Stufe des Yogas nennt sich vichāra Yoga विचार योग. Im vichāra Yoga geht die Meditation eine Stufe höher. Dem Sucher wird ein Ziel gegeben, welches subtiler ist als die materiellen Elemente. Die materiellen Elemente sind gekennzeichnet durch ihre tanmātrās (Sinneseindrücke) von Geruch, Geschmack, Sicht, Berührung und Klang, welche wiederum subtiler sind als diese. Daher ist das Ziel der Realisation eines Suchers auf dieser Stufe die tanmātrās (Sinnesempfindungen). Hierbei meditiert dieser über die Sinnesempfindungen, welche die materiellen Elemente auszeichnen, anstatt über ihre Formen. Im vichāra Yoga meditiert ein Sucher zum Beispiel nicht über die Größe oder Gestalt der Sonne, aber über die Sicht der Sonne.

Die dritte Stufe des Yogas wird ānanda Yoga आनन्द योग genannt. Im ānanda Yoga ist das Ziel der Meditation die Sinnesorgane und der Geist. Auf dieser Stufe realisiert der Sucher seine Sinnesorgane und Geist.

Die vierte Stufe des Yogas wird asmitā Yoga अस्मिता योग genannt. Im asmitā Yoga ist das Objekt der Meditation die Seele bzw. das Selbst. Auf dieser Stufe realisiert der Sucher seine wahre Natur der Seele.

Hier wird nun die Natur von asamprajñāta Yoga असम्प्रज्ञात योग definiert.

विरामप्रत्ययाभ्यासपूर्वः संस्कारशेषोऽन्यः ॥ 1.18 ॥

virāmapratyayābhyāsapūrvaḥ saṃskāraśeṣo'nyaḥ

1.18 (Anya) Ein anderes Yoga welches asamprajñāta Yoga genannt wird und durch das Praktizieren der Haupt-vairāgya erreicht wird, was das pratyaya ist, was wiederum die Ursache (विराम virāma) für die Abwesenheit der vṛttis ist. Auf dieser Stufe sammelt der Geist keine neuen sanskāras, behält hier aber lediglich seine früheren sanskāras.

Die Haupt-vairāgya wird durch die Realisation des wahren Asamprajñāta Yoga erlangt, welches weiterhin aufgeteilt wird in zwei Kategorien: भवप्रत्यय Bhava pratyaya und उपाय प्रत्यय Upāya pratyaya.

भवप्रत्ययो विदेहप्रकृतिलयानाम् ॥ 1.19 ॥

bhavapratyayo videhaprakṛtilayānām

1.19   Samādhi von Videha-layas (Wesen welche sich nicht mit ihren Körpern identifizieren) und Prakṛti-layas (Wesen, welche in ihrer wahren Natur verschmolzen sind) nennt sich bhava pratyaya (Ursache der Reinkarnation/Wiedergeburt in der sichtbaren Welt) und diese Art von Samādhi führt nicht zu der Emanzipation.

Anmerkung: Videha-laya und Prakṛti-laya Yogis werden devas genannt. Deren sanskāras der sichtbaren Welt sind noch nicht komplett entleert, daher führt deren samādhi diese nicht zu Mokṣa. Diese reinkarnieren in bestimmten Zeitintervallen.

श्रद्धावीर्यस्मृतिसमाधिप्रज्ञापूर्वक इतरेषाम् ॥ 1.20 ॥

śraddhāvīryasmṛtisamādhiprajñāpūrvaka itareṣām

1.20   Andere, welche ihre sanskāras der sichtbaren Welt komplett aus ihrem Geist ausgelöscht haben, erlangen asamprajñāta samādhi durch positive Gedanken, Energie, Gedächtnis, samādhi (Konzentration) und ṛtambharā prajñā (was dem Yogi dabei hilft ein wahres Verstehen der Gesetze der Schöpfung zu haben).

Anmerkung: Positive Gedanken geben Energie, Energie erinnert den Sucher an die Emanzipation, was diesen wiederum ultimativ dazu inspiriert samādhi zu erfahren und samādhi hilft dem Sucher mit ṛtambharā prajñā ऋतम्भरा प्रज्ञा (Kenntnis von den ewigen Regeln der

Schöpfung) ausgestattet zu sein.

तीव्रसंवेगानामासन्नः ॥ 1.21 ॥

tīvrasaṃvegānāmāsannaḥ

1.21   Jemand, der ein starkes Vertrauen in die oben genannten Mittel hat, erreicht samādhi sofort.

मृदुमध्याधिमात्रत्वात् ततोऽपि विशेषः ॥ 1.22 ॥

mṛdumadhyādhimātratvāt tato'pi viśeṣaḥ

1.22   Der Erfolg samādhi zu erreichen, steht in unmittelbarer Relation zur Motivation, ob diese mild, mittel oder Intensiv ist. Zum Beispiel, ein mildes Vorgehen (Antrieb, Motivation) führt zu einem langsamen samādhi, mittel zu einem mittleren und ein intensives zu einem intensiven samādhi.

ईश्वरप्रणिधानाद्वा ॥ 1.23 ॥

īśvarapraṇidhānādvā

1.23   Samādhi wird schnell erlangt durch Hingabe zu Iśvara. Iśvara ist im folgenden sūtra definiert.

क्लेशकर्मविपाकाशयैरपरामृष्टः पुरुषविशेष ईश्वरः ॥ 1.24 ॥

kleśakarmavipākāśayairaparāmṛṣṭaḥ puruṣaviśeṣa īśvaraḥ

1.24   Iśvara ist die spezifische Puruṣa und unabhängig von Leiden, Karmas (Handlungen), ihren Früchten (karma-phala) und den sanskāras der sichtbaren Welt.

Anmerkung: Im gegenwärtigen sūtra, wurden zwei Arten von Puruṣas beschrieben. Einmal die Puruṣa im generellen. Die Seelen von lebenden Wesen sind Puruṣa im generellen, aber Prama Puruṣa bzw. Paramātmā, Prara Brahma ist eine spezifische Puruṣa bzw. Puruṣa Viśeṣa (weil es keine andere Puruṣa gibt, die ihm gleich wäre).

तत्र निरतिशयं सर्वज्ञबीजम् ॥ 1.25 ॥

tatra niratiśayaṃ sārvajñabījam

1.25 (Tatra) Daher ist in Ihm (niratiśaya) der Höhepunkt des Wissens, daher wird er (bīja) Quelle (sarvajña) allen Wissens genannt.

स पूर्वेषामपि गुरुः कालेनानवच्छेदात् ॥ 1.26 ॥

sa pūrveṣāmapi guruḥ kālenānavacchedāt

1.26 Er ist älter als diejenigen, welche zuerst am Anfang der Schöpfung geboren wurden, weil er nicht der Zeit unterliegt.

तस्य वाचकः प्रणवः ॥ 1.27 ॥

tasya vācakaḥ praṇavaḥ

1.27 Seine Bezeichnung ist AUM.

तज्जपस्तदर्थभावनम् ॥ 1.28 ॥

tajjapastadarthabhāvanam

1.28 Das (japa) Wiederholen von AUM bedeutet die Kontemplation auf sein Objekt, das heißt Iśvara.

ततः प्रत्यक्चेतनाधिगमोऽप्यन्तरायाभावश्च ॥ 1.29 ॥

tataḥ pratyakcetanādhigamo'pyantarāyābhāvaśca

1.29 Aufgrund des japa von AUM (pratyak chetana adhigamaḥ) finden die Selbst-Realisation (api) und Realisation von Iśvara statt (antarāyābhāvaśca) und alle Hindernisse werden entfernt.

व्याधिस्त्यानसंशयप्रमादालस्याविरति-भ्रान्तिदर्शनालब्धभूमिकत्वानवस्थितत्वानि चित्तविक्षेपास्तेऽन्तरायाः ॥ 1.30 ॥

vyādhi-styāna-saṃśaya-pramādālasyāvirati-bhrāntidarśanālabdhabhūmikatvānavasthitatvāni cittavikṣepāste'ntarāyāḥ

1.30 Krankheit, Faulheit, Zweifel, Gleichgültigkeit,

Bequemlichkeit, Genusssucht/Maßlosigkeit, Konfusion, Verlust, Instabilität sind die großen Ablenkungen des Geistes und die Hindernisse (auf dem Weg) zu Samādhi.

दुःखदौर्मनस्याङ्गमेजयत्वश्वासप्रश्वासा विक्षेपसहभुवः ॥ 1.31 ॥

*duḥkhadaurmanasyāṅgamejayatvaśvāsaprasvāsā
vikṣepasahabhuvaḥ*

1.31   Schmerz   (Kummer,   Verzweiflung), Schwermut,   Unsicherheit,   Ungleichgewicht, Antriebslosigkeit   und   Rastlosigkeit   des   Körpers (Nervosität), schwerer Atem, all diese sind Begleiter der Zerstreuung.

तत्प्रतिषेधार्थमेकतत्त्वाभ्यासः ॥ 1.32 ॥

tatpratiṣedhārthamekatattvābhyāsaḥ

1.32   Um   diesen   entgegenzuwirken   (diesen Zerstreuungen), praktiziere Meditation auf das eine Prinzip bzw. die Realität, das heißt (auf) Īśvara.

मैत्रीकरुणामुदितोपेक्षाणां सुखदुःखपुण्यापुण्यविषयाणां

भावनातश्चित्तप्रसादनम् ॥ 1.33 ॥

*maitrī-karuṇā-muditopekṣāṇāṃ sukha-duḥkha-
puṇyāpuṇya-viṣayāṇāṃ bhāvanātaś-chittaprasādanam*

1.33   Der Geist ist beruhigt (bzw. befriedet) durch die Haltung von Freundlichkeit gegenüber den Glücklichen; Mitgefühl gegenüber den Unglücklichen; Fröhliche   Ehrerbietung   gegenüber   den Herausragenden/Genies;   und   dem   Desinteresse gegenüber den Bösen.

Anmerkung zur deutschen Übersetzung: Oft wird nicht zwischen Mitgefühl und Mitleid unterschieden. Das englische Wort „Compassion" wird gerne mit beiden Übersetzt. Wenn uns eine Person ihr Leid klagt und wir Mitleid haben, wie der Name schon sagt, leiden wir mit, was dazu führt, dass die Person nochmals (!) das Leid durch uns erlebt. Mitgefühl wäre im Gegensatz dazu, wenn wir diese aufmuntern und ihr Möglichkeiten zeigen, das Problem zu lösen.

प्रच्छर्दनविधारणाभ्यां वा प्राणस्य ॥ 1.34 ॥

pracchardanavidhāraṇābhyāṃ vā prāṇasya

1.34 Oder durch rechaka (Ausatmen) und puraka (Einbehaltung der Luft), namentlich prāṇāyāma, wird die Beständigkeit des Geistes erlangt.

विषयवती वा प्रवृत्तिरुत्पन्ना मनसःस्थितिनिबन्धिनी ॥ 1.35 ॥

viṣayavatī vā pravṛttirutpannā manasaḥ sthitinibandhinī

1.35 Die Ausrichtung des Geistes auf ein Sinnesobjekt, bringt Beständigkeit/einen stabilen Zustand des Geistes.

Anmerkung: Der Kommentator Vyāsa sagt, dass wenn der Geist sich auf die Spitze der Nase konzentriert wird, fängt dieser an, den gewünschten Duft zu riechen. Wenn dieser auf die Wurzel der Zunge konzentriert wird, hört dieser einen Klang; wenn er auf die Zungenspitze konzentriert wird, schmeckt dieser wundervolle Geschmacksrichtungen; wenn er auf die Mitte der Zunge gelenkt wird, dann fühlt es sich für einen so an, als ob er mit etwas in Kontakt kommt.

विशोका वा ज्योतिष्मती ॥ 1.36 ॥

viśokā vā jyotiṣmatī

1.36 Oder, wenn ein ungestörter Geist in Richtung der Selbst-Realisation tendiert, erlangt dieser einen beständigen/stabilen Zustand.

Anmerkung: Selbst-Realisation und Realisation von Brahman sind mit dem Licht assoziiert. Daher meint das Wort Jyotiṣmati hier Selbst-Realisation bzw. Realisation von Brahman.

वीतरागविषयं वा चित्तम् ॥ 1.37 ॥

vītarāgaviṣayaṃ vā cittam

1.37   Oder ein Geist welcher von den Sinnesobjekten der externen Welt abgetrennt ist wird beständig/stabil.

स्वप्ननिद्राज्ञानालम्बनं वा ॥ 1.38 ॥

svapnanidrājñānālambanaṃ vā

1.38   Oder die Konzentration des Geistes auf das Wissen über den Traum oder Schlafzustand macht diesen auch beständig/stabil.

यथाभिमतध्यानाद्वा ॥ 1.39 ॥

yathābhimatadhyānādvā

1.39   Oder, Konzentration auf ein Objekt seiner Wahl macht den Geist auch beständig/stabil.

परमाणु परममहत्त्वान्तोऽस्य वशीकारः ॥ 1.40 ॥

paramāṇu paramamahattvānto'sya vaśīkāraḥ

1.40   Die Kraft der Konzentration des Geistes dehnt sich aus vom kleinsten Partikel, das heißt zum Beispiel vom Atom bis in den unermesslichen Himmel.

क्षीणवृत्तेरभिजातस्येव मणेर्ग्रहीतृग्रहणग्राह्येषु तत्स्थतदञ्जनता समापत्तिः ॥1.41॥

kṣīṇavṛtterabhijātasyeva maṇergrahītṛgrahaṇagrāhyeṣu-
tatsthatadañjanatā samāpattiḥ

1.41   Durch das Ausmerzen der vṛttis wird der Geist wie ein reiner Juwel; in diesem Zustand von samprajñāta samādhi wird der Unterschied zwischen dem Erkennenden (Seele), dem Erkannten und dem Wissen für einen Yogī eliminiert, oder wir können sagen, dass für den Erkennenden (Wissenden) für einen yogī, das Erkannte und das Wissen ein und dasselbe Ding (Eins) werden.

In den nächsten sūtras werden die verschiedenen Kategorien von saṁprajñāta samādhi definiert. Als erstes, wird der samādhi beschrieben, welcher sich mit den physischen / grobstofflichen Objekten beschäftigt.

तत्र शब्दार्थज्ञानविकल्पैः संकीर्णा सवितर्का समापत्तिः ॥ 1.42 ॥

tatra śabdārthajñānavikalpaiḥ saṁkīrṇā savitarkā samāpattiḥ

1.42   Zum einen gibt es den samādhi, in welchem die (saṅkīrṇa) Fusion der Wörter (wie Kuh), der Bedeutung (das Objekt Kuh) und des Wissens (‚dass dies ein Tier [gau] ist, welches 'Kuh' heißt) stattfindet; dieser ist als Savitarkā Samāpatti सवितर्क समापत्ति bekannt.

स्मृतिपरिशुद्धौ स्वरूपशून्येवार्थमात्रनिर्भासा निर्वितर्का ॥ 1.43 ॥

smṛtipariśuddhau svarūpaśūnyevārthamātranirbhāsā nirvitarkā

1.43   Wenn der Geist von den Wörtern und ihren Bedeutungen (Objekten) gereinigt wird, wird dieser leer von sich selbst; in diesem Zustand des Geistes scheint das Licht des Objektes alleine, dies wird (dann) Nirvitarkā Samāpatti निर्वितर्का समापत्ति genannt.

एतयैव सविचारा निर्विचारा च सूक्ष्मविषया व्याख्याता ॥ 1.44 ॥

etayaiva savicārā nirvicārā ca sūkṣmaviṣayā vyākhyātā

1.44   Auf dieselbe Weise wird das samāpatti समापत्ति von atomaren Gegenständen jeweils in die Kategorie des Savicārā सविचारा und Nirvicārā निर्विचारा definiert.

सूक्ष्मविषयत्वं चालिङ्गपर्यवसानम् ॥ 1.45 ॥

sūkṣmaviṣayatvaṁ cāliṅgaparyavasānam

Das Limit der Atomarität dehnt sich bis zu alinga (Prakṛti) hinauf aus.

Zum Beispiel ist das Atom die subtile Form der Materie; die tanmātras ([Durch die Sinne wahrgenommen] Riechen, Berühren, Geschmack, Klang, Sicht) sind feiner/subtiler als ihre Atome; ahankāra (Prinzip der Individualität eines Atoms) ist im Vergleich dazu immer noch viel subtiler als die tanmātras; linga (mahattatva bzw. Ungleichmäßigkeit / Ungleichgewicht von sattva, rajas und tamas) ist selbst subtiler als ahamtattva; und alinga (prakṛti bzw. gleichartig zusammengesetzt aus dem Zustand von sattva, rajas und tamas) ist das Subtilste.

ता एव सबीजः समाधिः ॥ 1.46 ॥

tā eva sabījaḥ samādhiḥ

1.46   Diese vier Samāpattis sind bekannt als sabīja samādhi oder anders gesagt, saṁprajñāta Samādhi.

निर्विचारवैशारद्येऽध्यात्मप्रसादः ॥ 1.47 ॥

nirvicāravaiśāradye'dhyātmaprasādaḥ

1.47   Durch die Perfektion von reinem Nirvicāra (Samādhi) dämmert das spirituelle Licht und Glückseligkeit findet statt.

Wenn ein hoher bzw. fortgeschrittener Yogī Perfektion in nirvichāra Samādhi (ein Zustand des Geistes, in welchem ein Yogī selbst ohne Inhalte meditieren kann) erlangt, wird sein Intellekt frei von rajas und tamas guṇa und lässt sich permanent im sattva guṇa nieder und reinigt sich von allen Gedanken. Bei dieser Stufe transformiert sich sein Intellekt in prajñā, was die höchste Form des Intellekt darstellt.

ऋतम्भरा तत्र प्रज्ञा ॥ 1.48 ॥

ṛtambharā tatra prajñā

1.48   Danach erhebt sich das ṛtambharā prajñā. Ṛta

bedeutet das ewige Gesetz der Schöpfung. Daher bedeutet, ṛtambharā, dass der Intellekt die ewigen Gesetze der Schöpfung trägt.

Hier trägt das 'prajñā die 'ṛta' (Kosmischen Gesetze) direkt. Wenn sich eine Person in den Zustand von prajñā erhebt, erkennt diese die Wahrheit ohne das Zwischenspiel der Sprache oder des Gedankens. Er erlangt einen Zustand der direkten Erleuchtung. Sein Wissen ist dann perfekt. Was er sieht ist die Wahrheit, weil es direkt realisiert ist und frei von subjektiven und situativen Konditionen und auch frei von den Limitationen des Gedankens und der Sprache. Sein Wissen ist jetzt nicht mehr relativ, es ist absolut, was bedeutet, es ist nichts anderes mehr als die Veden selbst. Auf diese Art erlangte Brahmā direkten Zugang zum Wissen der Schöpfung, durch sein prajñā am Anfang der menschlichen Schöpfung. In der Tat ist diese Schöpfung eine Verkörperung der Veden. Es ist die vāk वाक् (Sprache) von Brahman ब्रह्मन् .

श्रुतानुमानप्रज्ञाभ्यामन्यविषया विशेषार्थत्वात् ॥ 1.49 ॥

śrutānumānaprajñābhyāmanyaviṣayā viśeṣārthatvāt

1.49 Das Wissen, welches durch ṛtambharā prajñā erlangt wird ist einzigartig und unterscheidet sich von dem, was durch Wörter oder Inferenz erlangt wird, weil es das primäre Wissen ist.

Anmerkung zur deutschen Übersetzung:

Wenn man sich nun fragt, wie Wissen verschieden oder anders sein kann, ist es wie mit Zucker und einer Erdbeere. Beides ist süß. Wenn dich nun ein Freund fragt, wie eine Erdbeere schmeckt und er noch nie eine gegessen hat, sagst du, dass diese süß schmeckt. Er antwortet dir, 'wie Zucker?' Dann sagst du 'ja, aber nicht ganz'. Dann kommt die Gegenfrage, 'es schmeckt süß, ähnlich wie Zucker aber dann doch anders?' Die einzige Möglichkeit ist, dass dem Freund eine Erdbeere gegeben wird und dieser den Unterschied beim Schmecken erfährt. Ebenso ist es mit diesem Wissen. Man muss es selbst erfahren haben, dann ist der Unterschied klar. Die einzige Möglichkeit den Unterschied zu verstehen, ist das Wissen zu erfahren. Es „fühlt" sich auch anders an, entfaltet sich selbst wie eine Blume, zeitlos und ist einfach da. Egal wann dieses Wissen abgerufen wird, es ist immer dasselbe, unverändert steht es für sich selbst. Auch hier gilt, sobald du es in deiner Praxis erfährst, wirst du sehr klar den Unterschied zu dem „regulären" Wissen feststellen. Nur Mut zur beständiger Praxis.

तज्ञः संस्कारोऽन्यसंस्कारप्रतिबन्धी ॥ 1.50 ॥

tajjaḥ saṃskāro'nyasaṃskārapratibandhī

1.50 Der sanskāra des Wissens, welcher durch ṛtambharā prajñā erlangt wird, verdrängt alle anderen sanskāras des Wissens, welche durch andere sekundäre Mittel erlangt wurden.

तस्यापि निरोधे सर्वनिरोधान्निर्बीजः समाधिः ॥ 1.51 ॥

tasyāpi nirodhe sarvanirodhānnirbījaḥ samādhiḥ

1.51 Wenn dann auch der sanskāra selbst, welcher durch ṛtambharā prajñā erlangt wurde ausgemerzt ist, dann sind alle sanskāras ausgelöscht und Nirbīja samādhi निर्बीज समाधि ist erlangt. Dies bezeichnet den Zustand ohne Gedanken. Dies wäre die Form von Samadhi, welche mit gerösteten Samen verglichen wird. Sie sind zwar noch vorhanden, aber entwickeln sich nicht mehr und alles ist still.

इति पतञ्जलि-विरचिते योग-सूत्रे प्रथमः समाधि-पादः ॥

iti patañjali-viracite yoga-sūtre prathamaḥ samādhi-pādaḥ
Hier endet das Samādhi-pāda welches durch Patañjali niedergeschrieben wurde.

द्वितीयोऽध्यायः

Dvitīyo'dhyāyaḥ

साधन-पादः

Sādhana-pāda
(Mittel um Yoga zu Praktizieren)

तपःस्वाध्यायेश्वरप्रणिधानानि क्रियायोगः ॥ 2.1 ॥

tapaḥsvādhyāyeśvarapraṇidhānāni kriyāyogaḥ

2.1   Die Beachtung und Einhaltung der yamas und niyamas, āsana und prāṇāyāma, etc., das Studieren der Veden und anderen Sastras, sowie die auf Gott gerichtete Meditation, werden als Kriyāyoga bezeichnet (Praxis des Yoga).

i). Tapaḥ (Askese)

Der Gita zu folge, ist tapas von dreierlei Art:

1 – शारीरिकतप (Einfachheit/Enthaltung des Körpers) 2 – वाक्तप (Einfachheit/Enthaltung der Sprache) 3 – मानसतप (Einfachheit/Enthaltung des Geistes)

शारीरिकतप (Einfachheit/Enthaltung des Körpers): Nach der Bhagvadgītā besteht diese Art des Tapas daraus, den Wissenschaftlern, Gelehrten, Gurus (Āchārya, Mutter und Vater) Respekt und Fürsorge entgegenzubringen, sowie Reinheit, Einfachheit, Enthaltsamkeit, sowie Gewaltlosigkeit zu praktizieren. Es heißt:

देवद्विजगुरुप्राज्ञपूजनं शौचमार्जवम् ।
ब्रह्मचर्यम अहिंसा च शरीरं तप उच्यते ॥ BG. Kapitel 17. Vers 14

1. वाक्तप (Einfachheit/Enthaltung der Sprache): Diese Art des Tapas beinhaltet, Worte zu sprechen, die wahrhaftig sind, angenehm, für andere förderlich und diese nicht beunruhigen. Zudem auch das reguläre Rezitieren der Vedischen Hymnen. Das gleiche wird hier gesagt:

अनुद्वेगकरं वाक्यं सत्यं प्रियं हितं च यत् ।

स्वाध्यायाभ्यसनं चैव वाङ्मयं तप उच्यते ॥ BG. Kapitel 17. Vers 15

मानसतप (Einfachheit/Enthaltung des Geistes): Diese Art von Tapas besteht aus der Gelassenheit, Liebenswürdigkeit, der Stille, der Selbstzurückhaltung (des Geistes), sowie der Reinheit der Gedanken (des Geistes).

मनः प्रसाद सौम्यत्वं मौनमात्मविनिग्रहः ।

भावसंशुद्धिरित्येतत् तपो मानसमुच्यते ॥ BG. Kapitel 17. Vers 16

Tapas ist das Tolerieren der gegensätzlichen Paare. - 'तपो द्वन्द्वसहनम्' Die Paare der Gegensätze sind Hunger und Durst, Hitze und Kälte, etc. Maharṣi Patañjali sagt, alle Unreinheiten können durch Buße (bzw. spirituelle Praxis) entfernt werden, so dass die Perfektion des Körpers und der Sinne erlangt wird. Siehe Sutra 2.43 'कायेन्द्रियसिद्धिरशुद्धिक्षयात्तपसः' Die Kena Upaniṣchade beschreibt die drei Säulen der kompletten Struktur von Brahmavidyā bzw. der spirituellen Wissenschaft als Tapas (Einfachheit/Enthaltung), Dama (Selbst Zurückhaltung) und Karma (Handlung). Das Trio von Tapas, Brahmacharya und Satya wurde auch wiederholt hervorgehoben durch die Praśnopaniṣad (5.3) und andere Upaniṣchaden. Daher ist Tapas eines der notwendigen Elemente um Perfektion zu erlangen.

ii) Svādhyāya

Das Studieren und Praktizieren der Vedas, Śāstras und

Spiritualität ist Svādhyāya. Die Selbst-Kontemplation ist auch als Japa bekannt. Japa bedeutet die heilige Silbe 'AUM', den Namen des Allvaters, zu rezitieren.

'स्वाध्यायः मोक्षशास्त्राणामध्ययनं प्राणवजपोवा'

Das Studieren der Śāstras, Vedas und der Upaniṣchaden umfasst auch andere Literatur, welche mit diesen verbunden ist, mit deren Gedankengut, was wiederum dazu führt, dass die Unbeständigkeit des Geistes entfernt wird, sowie dass die Seele veredelt wird und die Boshaftigkeit und das Böse entfernt werden.

Ein Kriyāyogī ist nicht besorgt über seine Vergangenheit oder seine Zukunft. Er ist ein Geschöpf der Gegenwart. Er erlaubt es anderen nicht, ihn zu beurteilen. Immer schreitet dieser voran und entwickelt sich weiter. Er kennt seine Schwächen und ist sich derer auch bewusst, sowie über die Hindernisse, welchen er sehr wahrscheinlich auf seinem Weg begegnen wird.

iii) Iśvara Praṇidhāna

Iśvara-Praṇidhāna bedeutet alle Handlungen der höchsten Seele zu widmen 'ईश्वरप्रणिधानं तस्मिन्परमगुरौ सर्वकर्मार्पणम् ।'.

Iśvara-Praṇidhāna ist eine der Alternativen/bzw. Ersatzmaßnahmen um Samādhi zu erlangen. Es heißt im Yogadarśana- 'ईश्वरप्रणिधानाद्वा ।'.

Iśvara ist unterscheidbar von uns – daher wird er Puruṣa Viśeṣa (besondere Puruṣa) genannt, welcher ungebunden und weder von Schmerz oder Leid, Handlungen, deren Früchte, noch von deren Tendenzen, was diese hinterlassen, betroffen ist. Iśvara ist allwissend; Die Tiefe seines Wissens ist unbegreiflich. Er ist der Lehrer der ṛṣis (Seher). AUM (praṇava) ist die Bezeichnung von Iśvara. Iśvara ist der sicherste Weg, um

Konzentration zu erlangen und dadurch dann Befreiung. Iśvarapranidana ist das Mittel zu Samādhi. Das Gleiche ist gesagt in - 'समाधिसिद्धिरीश्वरप्रणिधानात् ।'.

समाधिभावनार्थः क्लेशतनूकरणार्थश्च ॥ 2.2 ॥

samādhibhāvanārthaḥ kleśatanūkaraṇārthaśca

2.2   Kriya-yoga (-Praxis) ist dafür gedacht, Perfektion in Samādhi zu erlangen und die Beschwerden zu minimieren (Kleśas).

अविद्यास्मितारागद्वेषाभिनिवेशाः क्लेशाः ॥ 2.3 ॥

avidyāsmitārāgadveṣābhiniveśāḥ kleśāḥ

2.3   Die Beschwerden sind: avidyā अविद्या, asmitā अस्मिता, rāga रागा, dveṣa द्वेषः und abhiniveśa अभिनिवेश. Diese werden durch Patañjali in den folgenden sūtras erklärt.

अविद्या क्षेत्रमुत्तरेषां प्रसुप्ततनुविच्छिन्नोदाराणाम् ॥ 2.4 ॥

avidyā kṣetramuttareṣāṃ prasuptatanuvicchinnodārāṇām

2.4   Avidyā ist der Nährboden für die zuvor genannten, wie asmitā, rāga, dveṣa, und abhiniveśa, egal ob diese ruhend (schlafend), schwach (kraftlos), unbeständig oder aktiv und stark sind.

Ruhend (प्रसुप्तावस्था prasuptavasthā): - Auf dieser Stufe sind die (Kleśas) verborgen, wie ein Baum im Samenkorn. Diese werden manifestiert, wenn sie eine geeignete Umgebung finden.

Schwach (तनु tanu): - Auf dieser Stufe, sind die (Kleśas) in einem abgeschwächten Zustand. Diese können dann geschwächt werden. Zum Beispiel kann ein schlechter vāsanā (sanskāra) geschwächt werden, indem ein guter vāsanā entwickelt wird, um diesen zu kontern. Ärger/Wut kann geschwächt werden, indem Eigenschaften wie Barmherzigkeit, Liebe und Vergebung etc. entwickelt werden.

Aktiv (विच्छिन्न vicchinna): - Auf dieser Stufe sind die Kleśas aktiv bzw. geschehen krampfartig oder stoßweise; aber nicht regulär oder stetig. Zum Beispiel erscheinen Wut/Ärger bzw. Hass nicht, wenn eine Person liebt (verliebt ist).

Stark (उदार udāra): - Auf dieser Stufe sind die kleśas sehr mächtig. Ihr Erscheinen bzw. Auftreten ist auf jeden Fall absehbar.

अनित्याशुचिदुःखानात्मसु नित्यशुचिसुखात्मख्यातिरविद्या ॥ 2.5 ॥

anityāśuciduḥkhānātmasu nityaśucisukhātmakhyātiravidyā

2.5   Avidyā ist die Wahrnehmung bzw. Empfindung des Permanenten im Flüchtigen, der Reinheit im Unreinen, vom Vergnügen im Schmerzhaften, vom Selbst im Nicht-Selbst.

Anmerkung zur deutschen Übersetzung:

In einfachen Worten: Zum Beispiel werden die Ebenen des Selbst (absolut) mit dem scheinbaren Selbst (individueller Jiva) verwechselt. Das heißt, wenn Aussagen getroffen werden bzw. gehandelt wird, sollte genau überprüft werden, von welchem Standpunkt aus diese getroffen werden. Als Beispiel sei genannt, 'wir sind Alle eins' (Absolute Ebene). Trotzdem muss auf der individuellen Ebene (Jiva) gegen das scheinbare Übel bzw. die Ungerechtigkeit eingeschritten werden, um den Frieden zu wahren. Du kannst natürlich als Jivanmukti (zu Lebzeiten Erleuchteter) trotzdem auf der scheinbaren individuellen Ebene sein, handeln und gleichzeitig deine wahre Natur verstehen.

दृग्दर्शनशक्त्योरेकात्मतेवास्मिता ॥ 2.6 ॥

dṛgdarśanaśaktyorekātmatevāsmitā

2.6   Asmitā ist die Identifikation des Sehenden mit der Kraft des Sehens. Die Seele ist der Seher und die

Augen sind die Kraft des Sehens, daher die Augen als Seher zu nehmen, ist asmitā.

सुखानुशयी रागः ॥ 2.7 ॥

sukhānuśayī rāgaḥ

2.7   Einmal durch eine angenehme Erfahrung gegangen, wird das Verlangen bzw. der Wunsch diese nochmals zu erleben als Rāga bzw. Anhaftung bezeichnet.

दुःखानुशयी द्वेषः ॥ 2.8 ॥

duḥkhānuśayī dveṣaḥ

2.8   Einmal durch eine schmerzhafte Erfahrung gegangen, bleibt eine Abneigung gegen diese als Schmerz zurück, was als Dveṣa bezeichnet ist.

स्वरसवाही विदुषोऽपि तथारूढोऽभिनिवेशः ॥ 2.9 ॥

svarasavāhī viduṣo'pi tathārūḍho'bhiniveśaḥ

2.9   Die natürliche Furcht vor dem Tode, welche gleichermaßen in den Gelehrten und Laien herrscht, wird Abhiniveśa genannt.

Anmerkung: Die Furcht vor dem Tod betrifft natürlich Alle, weil jeder schon mal diese(n) in seinen früheren Leben erfahren hat.

ते प्रतिप्रसवहेयाः सूक्ष्माः ॥ 2.10 ॥

te pratiprasavaheyāḥ sūkṣmāḥ

2.10 Diese Beschwerden (kleśas) werden durch das Praktizieren von kriyāyoga reduziert, in der Form, dass die so erzeugten sanskaras in den Geist, ihre ursprünglichen Quelle zurückkehren. Trotzdem, finden diese erst ihre endgültige Resolution, wenn der Geist aufgelöst bzw. gelöst ist in Selbst-Realisation. Der Weg dorthin wäre dann die Meditation. Dies ist in dem Sinne zu verstehen, dass wenn man Samenkörner röstet, sich diese nicht mehr zu einer Pflanze entwickeln können. Durch die zuvor beschriebenen Techniken, beispielsweise Savitrka samapatti, können diese dann aus dem Geist bzw. Gedächtnis entfernt werden.

ध्यानहेयास्तद्वृत्तयः ॥ 2.11 ॥

dhyānaheyāstadvṛttayaḥ

2.11 Die Tendenzen der kleśas sind durch Meditation zu beseitigen.

Durch Meditation können wir die Tendenzen der fünf Kleśas beseitigen. Durch das Praktizieren von Kriya-yoga, tapas (Askese), svādhyāya (das Studieren der Śāstras) und Iśvarapraṇidhāna (Hingabe aller Handlungen an Gott) kann einer diese kleśas minimieren, aber durch Meditation können all diese kleśas eliminiert werden.

क्लेशमूलः कर्माशयो दृष्टादृष्टजन्मवेदनीयः ॥ 2.12 ॥

kleśamūlaḥ karmāśayo dṛṣṭādṛṣṭajanmavedanīyaḥ

2.12 Sanskāras dieser Beschwerden (kleśas) tragen ihre Früchte im jetzigen oder zukünftigen Leben.

सति मूले तद्विपाको जात्यायुर्भोगाः ॥ 2.13 ॥

sati mūle tadvipāko jātyāyurbhogāḥ

2.13 Solange die kleśas im Geist in Form von sanskāras vorhanden sind, binden diese und resultieren daher in Jāti (yoni bzw. Spezies), Āyu (Lebensspanne), und Bhoga (Belohnung von karmas, der sogenannten Handlungen).

Wenn die Kleśas nicht komplett entwurzelt werden, führen diese also zu drei Konsequenzen: Jati (yoni bzw. Spezies), Āyu (Lebensspanne), und Bhoga (Belohnungen von karmas). Āyu ist die vollständige Lebensspanne einer bestimmten Jāti (die Spezies [bzw. yoni = Mutterschoss] in Form welcher eine Person gemäß ihrer kārmika sanskāras geboren ist) und damit kann nicht ein spezifisch bestimmtes Leben in einer ausgewählten yoni sich verschafft werden. Für den Menschen ist die normale Lebenserwartung ungefähr einhundert Jahre. Für einen Hund ist die Lebenserwartung ungefähr acht bis vierzehn Jahre, die einer Kuh circa 20 Jahre, etc. Hier sollte angemerkt werden, dass ein sanskāras bestimmt, wie groß die Lebensspanne eines Individuums in einer bestimmten yoni (Spezies) ist, ob er/sie für nur ein Leben oder über viele Leben in dieser bestimmten yoni lebt. Wenn zum Beispiel eine Person das menschliche Leben wegen ihrer sanskāras für 1000 Jahre leben soll, wird diese so viele Leben leben, wie der Gesundheitszustand von diesem es in den jeweiligen Leben erfordert (Also z.B. 20 Leben wenn er/sie jeweils 50 wird oder 10 Leben, wenn er/sie jeweils 100 wird). Daher ist Āyu für die Jāti (yoni) festgelegt und nicht für ein Leben in dieser yoni. Daher auch Bhoga – Belohnungen von karmas ist auch festgelegt durch Jāti. Bhoga hängt ab von den Einschränkungen, welche auf den Sinnesorganen und dem Vergnügen verhängt wurden. Bhoga oder die körperliche Befriedigung hängt von der Art der Sinnesorgane ab, welche jeweils in einer bestimmten Spezies vorhanden sind. Die Sinnesorgane und die Art der körperlichen Befriedigung von einer Fledermaus oder Katze sind verschieden von denen, welche einem Menschen, einer Kuh oder einem Pferd gegeben sind. Ein Schaf genießt nicht im selben Maße die Musik, wie es ein Mensch tut. Fledermäusen ist es möglich Wellenlängen des Schalls zu hören und zu übertragen, welche normalerweise jenseits dessen liegen, was der Mensch durch seine Ohren wahrnehmen kann. Katzen und Eulen haben sehr sensible Augen, welche diesen ermöglichen sehr viel in dem Bereich zu sehen, welchen wir schlicht als Dunkelheit bezeichnen. Hunde haben ein beachtliches Riechorgan, was diese wiederum zu ausgezeichneten Polizeihunden macht. Bei dieser Betrachtungsweise ist das Feld (/Umfang) der Befriedigungen (Bhoga भोग) festgelegt, wenn man als eine bestimmte lebende Spezies geboren wird.

Jāti, Āyu, und Bhoga werden als die Früchte von Schmerz und Leid besessen, auf der Basis ihrer Herkunft aus dem Rechtschaffen und den Lastern (aus allen Leben).

ते ह्लादपरितापफलाः पुण्यापुण्यहेतुत्वात् ॥ 2.14 ॥

te hlādaparitāpaphalāḥ puṇyāpuṇyahetutvāt

2.14 Jāti, Āyu, und Bhoga können angenehm oder schmerzhaft sein, je nach ihrer Herkunft, ob diese aus pāpa पाप (schlechte) karmas oder puṇya पुण्य (gute) karmas stammen.

Pāpa karmas resultieren in schmerzhafter Jāti, Āyu und Bhoga. Die puṇya karmas resultieren in angenehmen Jāti, Āyu und Bhoga.

परिणामतापसंस्कारदुःखैर्गुणवृत्तिविरोधाच्च दुःखमेव सर्वं विवेकिनः ॥ 2.15 ॥

pariṇāmatāpasaṁskāraduḥkhairguṇavṛttivirodhācca
duḥkhameva sarvaṁ vivekinaḥ

2.15 Der Erleuchtete (Yogī) kann die pariṇām duḥkha (zuerst angenehme Freuden welche durch puṇya karmas erlangt wurden, enden auch ebenfalls im Schmerz), tāpa duḥkha (Leiden welche durch pāpa (schlechte) karmas erlangt wurden), sanskāra duḥkha (Leiden welche durch die sanskāras von pāpa karmas und kleśas verursacht wurden) sowie Leiden, welche durch den Konflikt der vṛttis (sukha सुख, duḥkha दुःख und moha मोह) geschaffen oder auch der guṇas (sattva, rajas und tamas) voraussehen. Daher findet dieser (erkennt durch

seine   gewonnene   Unterscheidung   (Viveka))
Leid/Schmerz in Allem.

हेयं दुःखमनागतम् ॥ 2.16 ॥

heyaṃ duḥkhamanāgatam

2.16   Der Schmerz bzw. das Elend, welches/er noch nicht in Erscheinung getreten ist, sollte ausgemerzt werden.

द्रष्टृदृश्ययोः संयोगो हेयहेतुः ॥ 2.17 ॥

draṣṭṛdṛśyayoḥ saṃyogo heyahetuḥ

2.17   Die Vereinigung vom Seher (Seele) mit dem Gesehenen (Erblickten) prakṛti/Materie bzw. der sichtbaren Welt ist die Ursache (hetu हेतु) von dem Elend (heya duḥkha हेय दुःख), welches ausgemerzt werden muss.

प्रकाशक्रियास्थितिशीलं भूतेन्द्रियात्मकं भोगापवर्गार्थं दृश्यम् ॥2.18॥

prakāśakriyāsthitiśīlaṃ bhūtendriyātmakaṃ
bhogāpavargārtham dṛśyam*

2.18   Diese dṛśya (dṛśya jagat दृश्य जगत् sichtbare Welt) besteht aus Materie und Lebewesen, welche aus Sattvaguṇa der Natur des Lichtes, Rajoguṇa die Natur der Bewegung und Tamoguṇa der Natur der Trägheit/Masse bestehen. Diese dṛśya (sichtbare Welt) ist dafür gedacht, um sich zu Vergnügen und die Befreiung der Seele zu erlangen.

Nun wird die Natur von dṛśya jagat (der sichtbaren Welt) erläutert.

विशेषाविशेषलिङ्गमात्रालिङ्गानि गुणपर्वाणि ॥ 2.19 ॥

viśeṣāviśeṣaliṅgamātrāliṅgāni guṇaparvāṇi

2.19   Die verschiedenen Stufen der Guṇas (Abbildung 12) vom unsichtbaren zum sichtbaren Zustand sind: aliṅga अलिङ्ग (Prakṛti प्रकृति alleine), liṅga लिङ्ग

(Puruṣa's Vereinigung mit Prakṛti und seiner eigenen Identifikation mit prakṛti, genannt mahat-tattva bzw. prakṛti buddhi der Seele), aviśeṣa अविशेष (ahaṅkāra अहंकार und die fünf tanmātras पञ्च तन्मात्र, namentlich das Riechen, Schmecken, Sehen, Berühren und Klang/Vibration) und viśeṣa विशेष [ein Satz von fünf grobstofflichen bhūtas, namentlich pṛthivī पृथिवी (Erde), jala जाल (Wasser), agni अग्नि (Feuer), vāyu वायु (Luft) und ākāśa आकाश (Raum), sowie ein Satz von 11 Sinnen, namentlich der Geist (innerer Sinn), fünf externe Sinnesorgane und fünf motorische Organe.

Hier sollte erwähnt werden, dass die letzten drei Stufen, nämlich liṅga, aviśeṣa und viśeṣa durch die Vereinigung von puruṣa (pures spirituelles Element) mit prakṛti (Materie, welche konstituiert ist aus Licht, Bewegung und Trägheit/Masse) verursacht werden, was durch den saṅkalpa von Brahman passiert.

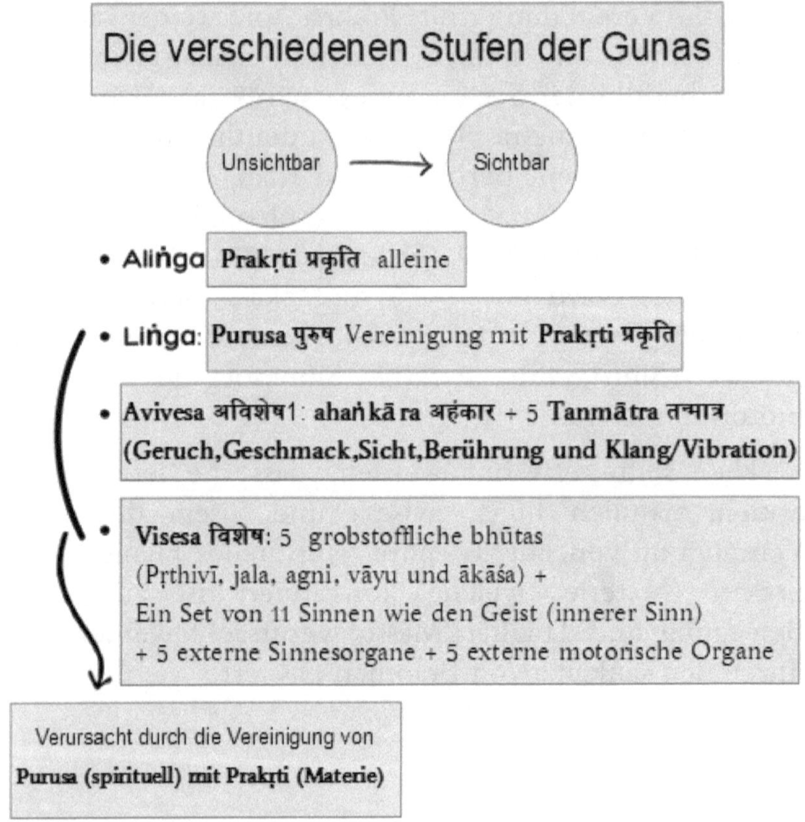

Abbildung 10, Die verschiedenen Stufen der Gunas.

Vor dieser Vereinigung waren die Bestandteile von prakṛti, zum Beispiel Intelligenz, Bewegung und Trägheit, in einem schlafenden Zustand, bzw. in einem ausgeglichenen Zustand. Wenn Puruṣa sich mit Prakṛti vereinigt, werden die Intelligenz, die Bewegung und die Masse aktiv und werden so unausgeglichen. Dieser Zustand nennt sich dann vikṛti.

Wegen dem Zustand vikṛti विकृति, entstehen die mahat-tattva (worin sich Puruṣa mit der Materie identifiziert bzw. das spirituelle Element mit dem materiellen Element zusammen für seine Evolution verschmilzt). Dies wird dann als liṅga (identifizierbarer) Zustand bzw. Stufe von Sattva सत्त्व, Rajas रजस् und Tamas

तमस् bezeichnet, welcher als Ursprung von dem dṛśya jagat bzw. der sichtbaren Welt bekannt ist.

Jetzt wird die Natur des drasṭā (Seher) bzw. Ātmā (Seele) erklärt.

द्रष्टा दृशिमात्रः शुद्धोऽपि प्रत्ययानुपश्यः ॥ 2.20 ॥

draṣṭā dṛśimātraḥ śuddho'pi pratyayānupaśyaḥ

2.20   Der drasṭā (Seher bzw. Seele) ist nur der Seher bzw. hat die Kraft Dinge so zu sehen (erkennen bzw. Unterscheidungskraft; viveka) wie sie sind. Obwohl es rein ist, das heißt nicht verfälscht bzw. verunreinigt durch die Eigenschaften von prakṛti, dennoch sieht es die Dinge gemäß der vṛttis des Geistes (wegen der Identifikation von sich selbst mit dem materiellen Geist).

तदर्थ एव दृश्यस्यात्मा ॥ 2.21 ॥

tadartha eva dṛśyasyātmā

2.21   Die sichtbare (dṛśyasya) Welt (ātmā) entstand aufgrund der Vereinigung der Seele mit der Materie, (tadartham) damit die Seele dies genießen bzw. sich daran vergnügen kann.

कृतार्थं प्रति नष्टमप्यनष्टं तदन्यसाधारणत्वात् ॥ 2.22 ॥

kṛtārthaṃ prati naṣṭam apyanaṣṭaṃ tadanyasādhāraṇatvāt

2.22   Das dṛśya jagat (sichtbare Welt) (naṣṭam) ist ausgemerzt (kṛtārthaṃ prati) für die drasṭā (Seele bzw. puruṣa), welche befreit ist, (api) dennoch (anaṣṭam) ist diese nicht ausgemerzt für diese drasṭās (gewöhnliche Leute), welche nicht die Befreiung erlangt haben.

Der sūtra verdeutlicht, dass es viele drasṭās (Seelen) bzw. puruṣas gibt, wie zudem auch Sānkhya sagt: puruṣa bahutvaṃ siddham. Die Mannigfaltigkeit von Puruṣa ist ein bewiesenes Prinzip.

स्वस्वामिशक्त्योः स्वरूपोपलब्धिहेतुः संयोगः ॥ 2.23 ॥

svasvāmiśaktyoḥ svarūpopalabdhihetuḥ saṃyogaḥ

2.23 Der Zweck von der Vereinigung von Puruṣa und Prakṛti (die Identifikation der Seele mit prakṛti) ist es, dass dṛśya (die sichtbare Welt) und ihr Gebieter der draṣṭā (Seher bzw. Seele) ihre wahre Natur erlangen.

Die wahre Natur der dṛśya (sichtbaren Welt) wird bhoga genannt und die wahre Natur der Seele wird Emanzipation genannt. Die Draṣṭā (Seele) ist der Gebieter von dṛśya (sichtbaren Welt), weil diese durch die Vereinigung von Seele und Materie entstand. Diese dṛśya (sichtbare Welt) ist für das bhoga der dṛṣṭā (Seele). Daher wird dṛśya (sichtbare Welt) auch als bhogya (das Genießen) bezeichnet und dṛṣṭā (Seele) bhoktā (der Genießer).

Anmerkung: Die wahre Natur der sichtbaren Welt ist seine bhogyatā (Eigenschaft diese zu genießen) und die wahre Natur der Seele ist ihre bhoktṛtva, die Möglichkeit etwas zu genießen. Bis die Vereinigung von Puruṣa und Prakṛti stattfindet, kann weder dṛśya jagat seine wahre Natur ausleben, was wäre die scheinbar erschaffene Welt zu genießen, noch kann die Seele ihre wahre Natur erkennen, dass heißt den Unterschied zwischen Puruṣa und Prakṛti zu verstehen, um Befreiung zu erlangen.

तस्य हेतुरविद्या ॥ 2.24 ॥

tasya heturavidyā

2.24 Diese Vereinigung von Puruṣa und Prakṛti wird durch Avidya verursacht (Die Identifikation der Seele selbst mit der prakṛti, wenn diese mit jener vereint ist).

Avidyā ist die Identifikation der Seele mit der nicht-ewigen Materie, dem Permanenten mit dem Vorübergehenden, des Realen mit dem Unrealen.

तदभावात् संयोगाभावो हानं तद्दृशेः कैवल्यम् ॥ 2.25 ॥

tadabhāvāt saṃyogābhāvo hānaṃ taddṛśeḥ kaivalyam

2.25 Die Abwesenheit von avidyā führt zur Abwesenheit der Vereinigung von Puruṣa mit Prakṛti, was hāna genannt wird, das Aufgeben von Prakṛti buddhi durch Puruṣa (nicht sich selbst mit prakṛti zu identifizieren). Dies wird als die Emanzipation der draṣṭā (Seele) bezeichnet.

विवेकख्यातिरविप्लवा हानोपायः ॥ 2.26 ॥

vivekakhyātiraviplavā hānopāyaḥ

2.26 Die Realisation seiner wahren Natur durch die Seele nennt sich Vivekakhyāti. Wenn es der Seele möglich ist, ihre wahre Natur zu realisieren, zieht sie ihre prakṛti buddhi zurück, das heißt, sie gebietet sich selbst Einhalt, sich weiter mit dem prakṛti/Geist (Zur Erinnerung, der Geist ist materiellen Ursprungs) zu identifizieren. Dies bedeutet dann Vivekakhyāti (aviplavā) erlangt zu haben, eine Stufe der Reife. Dies ist das Mittel (upāyaḥ) zu hāna (हान, Allgegenwärtigen ständigen Unterscheidung zwischen Satya सत्य und Mithya मिथ्या bzw. mit der Identifikation von Mithya als Satya), dem Ende des Elends, das heißt, das Mittel zur Emanzipation.

तस्य सप्तधा प्रान्तभूमिः प्रज्ञा ॥ 2.27 ॥

tasya saptadhā prāntabhūmiḥ prajñā

2.27 Ein Yogī welcher Vivekakhyāti erlangt hat, durchlebt siebenfältige Erfahrungen bzw. Stufen. Diese siebenfältigen Erfahrungen/Stufen sind von Vyāsa beschrieben als:

1. Ich weiß, dass die Leiden mit ihren Ursachen ausgemerzt wurden, jetzt gibt es nichts mehr zu wissen für mich. Dies ist seine erste Erfahrung.

2. Die Ursachen des Schmerzes, wie etwa avidyā, wurden ausgemerzt, jetzt ist nichts mehr da, was ausgemerzt werden müsste. Das ist seine zweite Erfahrung.

3. Durch Asamprajñāta samādhi habe ich den Zustand von Mokṣa realisiert, es gibt nichts mehr, was noch zu realisieren wäre. Das ist seine dritte Erfahrung.

4. Ich habe in Viveka-khyāti Perfektion erlangt, was das Mittel zu Mokṣa ist, jetzt gibt es nichts mehr, was noch darüber hinaus perfektioniert werden muss. Das ist seine vierte Erfahrung.

Die vier oben genannten Erfahrungen beschäftigten sich mit der Freiheit von Handlung. Die nächsten drei Erfahrungen, beschäftigen sich mit der Freiheit des Geistes (चित्त chitta).

5. Das Ziel von prakṛti buddhi (प्रकृति बुद्धि Seele identifiziert sich selbst mit prakṛti) ist bhoga भोग (Vergnügen) und mokṣa मोक्ष (Befreiung). Ein Yogī fühlt, dass das Ziel von prakṛti buddhi erlangt wurde. Das ist die fünfte Erfahrung.

6. Die guṇas (गुणा) gehen nun zusammen mit dem Geist zurück in ihre Ursache bzw. ihren Ursprung. Nun werden sich diese nicht nochmal erheben. Das ist die sechste Erfahrung.

7. Als letztes fühlt der Yogī, dass er/sie über die guṇas, welche aus prakṛti geboren sind, erhaben ist und realisiert seine/ihre wahre Natur und Brahman. Dieser Zustand der Selbst-Realisation und die Realisation von Brahman wird auch Emanzipation genannt.

Wenn ein Yogī diese sieben Stufen bzw. Ebenen erfahren hat, wird er lebendig befreit genannt.

योगाङ्गानुष्ठानादशुद्धिक्षये ज्ञानदीप्तिरा विवेकख्यातेः ॥ 2.28 ॥

*yogāṅgānuṣṭhānādaśuddhikṣaye jñānadīptirā
vivekakhyāteḥ*

2.28 Durch die Praxis der acht Glieder des Yogas, werden Unreinheiten und Beschwerden (kleśas) ausgemerzt und das Licht des Wissens scheint bis zu Vivekakhyāti.

यमनियमासनप्राणायामप्रत्याहारधारणाध्यान-समाधयोऽष्टावङ्गानि ॥ 2.29 ॥

*yamaniyamāsanaprāṇāyāmapratyāhāradhāraṇādhyānasamā
dhayo'ṣṭāvaṅgāni*

2.29 Yama (Umgang mit der Gemeinschaft), niyama (Umgang mit einem Selbst (als Jiva)), Āsana (Stellung), prāṇayāma (Kontrolle des Atems), pratyāhāra (Zurückziehen der Sinne), dhāraṇā (Konzentration des Geistes), dhyāna (Meditation) und samadhi, dies sind die acht Glieder des Yogas.

अहिंसासत्यास्तेयब्रह्मचर्यापरिग्रहा यमाः ॥ 2.30 ॥

ahiṃsāsatyāsteyabrahmacaryāparigrahā yamāḥ

2.30 Die fünf Yamas sind:

1. Ahinsā (अहिंसा) - Gewaltlosigkeit,

2. Satya (सत्य) - Wahrhaftigkeit

3. Asteya (अस्तेय)- Nicht-stehlen

4. Brahmacharya (ब्रह्मचर्य)- Enthaltsamkeit

5. Aparigraha (अपरिग्रह) - (Nicht Anhäufen/ Nichtanhaften), dies sind die yamas bzw. Regeln zum Umgang mit der Gemeinschaft.

Im Folgenden wird nun eine detaillierte Beschreibung der yamas gegeben.

Ahinsā (अहिंसा Gewaltlosigkeit) - Ahinsā bedeutet

nicht nur nicht zu töten oder zu verletzen. Die Schriften erläutern, dass Ahinsā bedeutet, in keiner Weise durch seine Sprache, Gedanken oder Handlung ein Lebewesen zu töten bzw. zu verletzen. Ahinsā ist das Wichtigste von allen yamas und niyamas. Vyāsa sagt: 'तत्राहिंसा सर्वदा सर्वभूतानामनभिद्रोहः ।'. Patañjali erläutert, dass jemand der fest gegründet ist in Ahinsā, gegenüber diesem werden selbst seine Rivalen Freunde. Siehe Sutra 2.35 'हिंसाप्रतिष्ठायां तत्सन्निधौ वैरत्यागः'.

Anmerkung zur deutschen Übersetzung:

Gewaltlosigkeit wird oft missverstanden, in einem Menschen sind tausende von Darmbakterien, welche jede Sekunde durch den Organismus vernichtet werden, bzw. durch die Folgen des Lebens. Dies stellt eine unvermeidbare 'Gewalt' im Leben dar. Eine vermeidbare, nach diesem Wert gelebte, wäre zum Beispiel die vegane oder vegetarische Ernährung. Dem Tier wird das Schicksal erspart, lediglich gezüchtet zu werden, um es danach zu töten und zu essen und dies mit System und Kalkül. Noch ganz abgesehen von der Umweltverschmutzung und Ressourcenverschwendung, die hier praktiziert werden.

Satya (सत्य Wahrhaftigkeit) - Vyāsa sagt 'सत्यं यथार्थे वाङ्मनसे यथा दृष्टं यथा श्रुतं तथा वाङ्मनश्चेति'. Was auch immer gesehen oder gehört wird, muss sich auch im Geist und in der Sprache manifestieren. Die Wörter, welche einer spricht sollten keinem Wesen Leid zufügen und sollten Glück und Freude für alle erschaffen. Die Wörter sollten angenehm und förderlich sein, sowie niemanden beunruhigen. Einer, der in Wahrhaftigkeit gefestigt ist, dessen Handlungen werden die gewünschten Früchte tragen. Siehe Sutra 2.36 'सत्यप्रतिष्ठायां क्रियाफलाश्रयत्वम्' ।.

Asteya (अस्तेय Nicht-Stehlen) अस्तेयमशास्त्रपूर्वकं द्रव्याणां परतः स्वीकरणम् तत्प्रतिषेधः - पुनरस्पृहारूपम् अस्तेयमिति - wegen einem

Verlangen kommt die Idee des Stehlens auf. Daher, jemand der im Wert des Nicht-Stehlens gefestigt ist, zu diesem werden alle Edelsteine und Wohlstand kommen. Siehe Sutra 2.36 'अस्तेयप्रतिष्ठायां सर्वरत्नोपस्थानम्'.

Brahmacharya (ब्रह्मचर्य Enthaltsamkeit) - 'ब्रह्मचर्य गुप्तेन्द्रियाणां संयमः' Brahmacharya bedeutet seinen Geschlechtstrieb unter Kontrolle zu halten. Wenn ein Mann seine vitale Energie bzw. seine Samenflüssigkeit zurückhält, wird sein Körper strahlend und wohlriechend, Brahmachārī bringt einen in die Nähe von Brahman. Jemand der fest in Brahmacharya gegründet ist kann Vitalität bzw. Lebenskraft erlangen. Das gleiche wird gesagt im Sutra 2.38 'ब्रह्मचर्य प्रतिष्ठायां वीर्यलाभः।'.

Aparigraha (अपरिग्रह Nicht-Horten) - Vyasa sagt: 'विषयाणामार्जनरक्षणक्षयसंगहिंसादोष-दर्शनादिस्वीकरणमपरिग्रहः।' Daher, ist parigraha ein Prozess, bei welchem Objekte über den persönlichen Bedarf hinaus gehortet werden. Aparigraha kann leicht dadurch erlangt werden, dass gegenüber allen materiellen Objekten Verhaftungslosigkeit praktiziert wird. Dadurch erlangt der Sādhaka das Wissen über die Vergangenheit, Gegenwart und Zukunft. Siehe Sutra 2.39 'अपरिग्रहस्थैर्ये जन्मकथन्तासम्बोधः'.

जातिदेशकालसमयानवच्छिन्नाः सार्वभौमा महाव्रतम् ॥ 2.31 ॥

jātideśakālasamayānavacchinnāḥ sārvabhaumā
mahāvratam

2.31 Yamas (Umgang mit Anderen) sind bedeutende soziale Regeln. Diese sind einzuhalten bzw. zu beachten, auch jenseits den Limitationen der (Spezies), Zeit und Ort.

Zum Beispiel ist Gewalt Gewalt, ungeachtet ob diese gegenüber einer kleinen Kreatur, wie einer Ameise oder gegenüber einem Menschen ausgeübt wird, ob sie nun auf dem Schlachtfeld oder zu jeder anderen Zeit oder

Ort ausgeführt wird

शौचसंतोषतपःस्वाध्यायेश्वरप्रणिधानानि नियमाः ॥ 2.32 ॥

śaucasaṃtoṣatapaḥsvādhyāyeśvarapraṇidhānāni niyamāḥ

2.32 Niyamas (Selbst-Disziplin) besteht auch aus fünf Elementen.

1. Śaucha - शौच Reinheit.

2. Santoṣa - सन्तोष Zufriedenheit.

3. Tapas - तपस् Askese / Enthaltsamkeit.

4. Svādhyāya - स्वाध्याय Studieren der Schriften.

5. Iśvarapraṇidhāna - ईश्वरप्रणिधान Hingabe an Gott.

Sauca - (शौच Reinheit, Sauberkeit) - śauca ist von zweierlei Art:

1. Äußerlich, 2. Innerlich

Äußere Reinheit kann erreicht werden, indem der Dreck auf dem Körper durch Wasser abgewaschen wird (Reinigung des Körpers), etc., die innerliche Reinheit wird erlangt, indem sich der Geist zum Beispiel mit satya (Der Realität, das was ist ohne Superimposition von Prakrti und Purusa) und jñāna (Wissen) beschäftigt. Wenn das äußere Śaucha praktiziert wird, dann zeigt der Sādhaka Distanziertheit zu seinem eigenen Körper, ohne sich mit anderen zu vergleichen. Das Gleiche wird hier gesagt, 'शौचात्स्वाङ्गजुगुप्सा परैरसंसर्गः।'. Durch innerliche Reinheit, Reinheit des Geistes, Konzentration, Kontrolle der Sinnesorgane kann Selbst-Realisation erlangt werden. Siehe Sutra 2.41 'सत्वशुद्धिसौमनस्यैकाग्र्येन्द्रियजयात्मदर्शनयोग्यत्वानि च'.

Santoṣa (सन्तोष Zufriedenheit): 'सन्तोषः सन्निहितसाधनाद्धिकस्यानु-पादिता' Zufriedenheit bedeutet, zum Beispiel nicht mehr zu verdienen, als benötigt wird. Es ist ein Zustand, in welchem der Aspirant mit dem zufrieden ist, was er hat, indem er gegenüber materiellen

Objekten Distanziertheit bzw. Verhaftungslosigkeit entwickelt. Siehe Sutra 2.42 'सन्तोषादनुत्तमसुखलाभः।'.

Tapas (तपस् Askese/Enthaltung): 'तपो द्वन्द्वसहनम् द्वन्द्वश्च जिघत्सापिपासे, शीतोष्णे, स्थानासने' das bedeutet Ausdauer/Enthaltung ist die Kraft um die gegenteiligen Gefühle wie Hunger-Durst, Kälte-Hitze, Freude-Leid, etc. gleichmütig zu ertragen. Durch die Praxis von Einfachheit/Enthaltung werden alle Unreinheiten entfernt und ein perfekter Körper und perfekte Sinne können erlangt werden. Siehe Sutra 2.43 'कायेन्द्रियसिद्धिरशुद्धिक्षयात्तपसः।'.

Svādhyāya (स्वाध्याय Studieren): 'स्वाध्यायः मोक्षशास्त्राणामध्ययनं प्रणवजपो वा' Svādhyāya bedeutet das Studieren der Veden und der Śāstras oder auch das Chanten von 'AUM' (Praṇava), was uns den Weg der Befreiung weist. Wenn Svādhyāya in Perfektion befolgt wird, dann realisiert der sādhaka den beabsichtigten Sinn der Śāstra bzw. Veden. Siehe Sutra 2.44 'स्वाध्यायादिष्टदेवतासम्प्रयोगः।'.

Iśvara praṇidhāna (ईश्वरप्रणिधान Hingabe an Gott): Es heißt, 'ईश्वरप्रणिधानं तस्मिन्परमगुरो सर्वकर्मार्पणम्।' Das bedeutet, Iśvara praṇidhāna ist die Widmung der eigenen Handlungen an Gott. Wenn dies so geschieht, kann सम्प्रज्ञातसमाधि erlangt werden. Patañjali sagt im Sutra 2.45 'समाधिसिद्धिरीश्वरप्रणिधानात्।'.

वितर्कबाधने प्रतिपक्षभावनम् ॥ 2.33 ॥

vitarkabādhane pratipakṣabhāvanam

2.33 Wenn die bösen Ideen beim Befolgen der yamas und niyamas ein Hindernis werden, kontrolliere diese mit dem Gedanken an deren fürchterliche Folgen.

Der Prozess des Denkens an die fürchterlichen Konsequenzen der bösen Handlungen ist im nachfolgenden sūtra beschrieben.

वितर्का हिंसादयः कृतकारितानुमोदिता लोभक्रोधमोहपूर्वका मृदुमध्याधिमात्रा दुःखाज्ञानानन्तफला इति प्रतिपक्षभावनम् ॥2.34॥

*vitarkā hiṃsādayaḥ kṛtakāritānumoditā
lobhakrodhamohapūrvakā mṛdumadhyādhimātrā
duḥkhājñānānantaphalā iti pratipakṣabhāvanam*

2.34   Gewalt, etc. sind die bösen Handlungen. Diese bösen Handlungen/Taten ob (kṛt) begangen (kārita), begünstigt oder (anumidita) unterstützt, werden aus Gier, Zorn/Wut oder Anhaftung geboren. Egal ob diese mild, moderat oder stark sind, werden diese in endlosen Schmerz und Ignoranz resultieren: Das ist die Sichtweise, wie in Bezug auf die Konsequenzen der bösen Handlungen gedacht werden sollte.

Im folgenden Vers sind die Ergebnisse der Perfektion, durch die Praxis der Yamas beschrieben.

अहिंसाप्रतिष्ठायां तत्सन्निधौ वैरत्यागः ॥ 2.35 ॥

ahiṃsāpratiṣṭhāyāṃ tatsannidhau vairatyāgaḥ

2.35   Wenn ein Yogī Perfektion in Ahinsā (Nicht-Gewalt) erlangt, werden alle lebenden Wesen um ihn/sie herum alle ihre Feindschaften aufgeben.

सत्यप्रतिष्ठायां क्रियाफलाश्रयत्वम् ॥ 2.36 ॥

satyapratiṣṭhāyāṃ kriyāphalāśrayatvam

2.36   Wenn die Perfektion in der Wahrhaftigkeit erlangt ist, wird egal was der Yogī denkt oder spricht, sofort auf dem Boden materialisiert.

अस्तेयप्रतिष्ठायां सर्वरत्नोपस्थानम् ॥ 2.37 ॥

asteyapratiṣṭhāyāṃ sarvaratnopasthānam

2.37   Wenn die Perfektion im Nicht-stehlen erlangt wird, hat ein Yogī niemals einen Mangel an Dingen, welche von ihm erwünscht sind, unabhängig von Ort und Zeit.

ब्रह्मचर्यप्रतिष्ठायां वीर्यलाभः ॥ 2.38 ॥

brahmacaryapratiṣṭhāyāṃ vīryalābhaḥ

2.38 In der Perfektion von Brahmacharya, erlangt ein Yogī uneingeschränkte Energie und es ist ihm möglich, Energie und Wissen zu einem bescheidenen Sucher, welcher diese Güter sucht, zu übertragen.

अपरिग्रहस्थैर्ये जन्मकथंतासम्बोधः ॥ 2.39 ॥

aparigrahasthairye janmakathaṃtāsambodhaḥ

2.39 Wenn Perfektion im Nicht-Horten erlangt wird, werden die Geheimnisse von vergangenen, gegenwärtigen und zukünftigen Leben dem Yogī offenbart. Zum Beispiel, wer ist er? Wie kam er zu diesem Körper? Was ist dieses Leben? Wie kam dieses Leben in die Existenz? Was werden seine zukünftigen Leben sein? Etc., etc.

Nun werden die Ergebnisse beschrieben, welche durch die Perfektion in den Niyamas erlangt werden.

शौचात् स्वाङ्गजुगुप्सा परैरसंसर्गः ॥ 2.40 ॥

śaucāt svāṅgajugupsā parairasaṃsargaḥ

2.40 In der Perfektion von Śaucha (Reinheit), entwickelt ein Yogī eine Aversion vor seinem eigenen Körper und vermeidet den Kontakt mit anderen.

सत्त्वशुद्धिसौमनस्यैकाग्र्येन्द्रियजयात्मदर्शन-
योग्यत्वानि च ॥ 2.41 ॥

sattvaśuddhisaumanasyaikāgryendriyajayātmadarśana-
yogyatvāni ca

2.41 Hier entstehen bzw. treten ebenfalls Reinheit des Geistes, Heiterkeit/Freundlichkeit des Herzens, Konzentration, Kontrolle der Sinne und die Tauglichkeit für die Selbst-Realisation auf.

संतोषादनुत्तमसुखलाभः ॥ 2.42 ॥

saṃtoṣādanuttamasukhalābhaḥ

2.42 Durch die Perfektion in Zufriedenheit kommt Glückseligkeit, welche höher ist als jene, die durch Erfahrungen mit den Sinnesorganen aufkommt (sensorische Freuden).

कायेन्द्रियसिद्धिरशुद्धिक्षयात् तपसः ॥ 2.43 ॥

kāyendriyasiddhiraśuddhikṣayāt tapasaḥ

2.43 Durch die Perfektion in tapas (Einfachheit/Askese) werden alle Unreinheiten des Körpers und Geistes eliminiert und ein Yogī erlangt göttliche Kräfte des Körpers, wie den Körper zur Größe eines Atoms zu reduzieren und diesen auch zu gigantischer Größe aufzublähen; auch die göttliche Kraft der Sinne, dass diese eine mikroskopische und teleskopische Sicht erlangen, Töne von unhörbaren Frequenzen, sowie Klänge in der Distanz hören können, etc.

स्वाध्यायाद् इष्टदेवतासंप्रयोगः ॥ 2.44 ॥

svādhyāyād iṣṭadevatāsaṃprayogaḥ

2.44 Durch die Perfektion im Studieren ist es einem Yogī möglich, die Absicht/Intention (iṣṭa इष्ट) eines Redners, sowie die beabsichtigte (devatā देवता) Bedeutung der Śāstras und Vedas zu erkennen bzw. zu wissen.

समाधिसिद्धिरीश्वरप्रणिधानात् ॥ 2.45 ॥

samādhisiddhirīśvarapraṇidhānāt

2.45 Wenn ein Yogī sich komplett Gott hingibt, erreicht dieser Perfektion in Samadhi.

स्थिरसुखम् आसनम् ॥ 2.46 ॥

sthirasukham āsanam

2.46 Fest und angenehm ist die Stellung, welche als Āsana bekannt ist.

प्रयत्नशैथिल्यानन्तसमापत्तिभ्याम् ॥ 2.47 ॥

prayatnaśaithilyānantasamāpattibhyām

2.47 Indem alle physischen und mentalen Aktivitäten still sind, mit einem entspannten Körper und Geist; meditierend auf das Unendliche, wird die Perfektion in der Stellung (Āsana) erlangt.

ततो द्वन्द्वानभिघातः ॥ 2.48 ॥

tato dvandvānabhighātaḥ

2.48 Durch die Perfektion der Āsana wird Immunität gegen die (dvandvas) Dualität (Gegensatzpaare) erlangt, das heißt, ein Yogī ist nicht von den Gegensätzen wie Hitze oder Kälte, etc. gestört.

तस्मिन्सति श्वासप्रश्वासयोर्गतिविच्छेदः प्राणायामः ॥ 2.49 ॥

tasminsati śvāsapraśvāsayorgativicchedaḥ prāṇāyāmaḥ

2.49 Das Erlangen der Perfektion in der Āsana, die anschließende Reduktion der Geschwindigkeit bzw. Abwesenheit des Atems beim Ein- oder Ausatmen ist Prāṇāyāma.

बाह्याभ्यन्तरस्तम्भवृत्तिर्देशकालसंख्याभिः परिदृष्टो दीर्घसूक्ष्मः ॥2.50 ॥

bāhyābhyantarastambhavṛttirdeśakālasaṃkhyābhiḥ
paridṛṣṭo dīrghasūkṣmaḥ

2.50 Prāṇayāma ist von dreierlei Art: extern/äußerlich (rechaka रेचक), intern/innerlich (puraka पूरक), und (stambhavṛtti स्तम्भ वृत्ति) ruhend. Diese können klassifiziert werden als lang und kurz, wenn man diese auf einer Skala nach Distanz, Zeitspanne und Anzahl betrachtet. Zum Beispiel wird eine große

Distanz/Atemzug des Atmens als "lang" bezeichnet und eine kurze Distanz/kurzer Atemzug wird als "kurz" bezeichnet. Auch wird ein Atemzug, in welchem eine längere Zeitspanne involviert ist, als "lang" bezeichnet, wenn eine kurze Zeitspanne involviert ist, wird dieser wiederum als "kurz" bezeichnet. Wenn das Atmen langes Zählen beinhaltet, wird es als "langes Atmen" bezeichnet, bei kurzem Zählen als "kurzes Atmen".

बाह्याभ्यन्तरविषयाक्षेपी चतुर्थः ॥ 2.51 ॥

bāhyābhyantaraviṣayākṣepī caturthaḥ

2.51 Das vierte, welches als Kumbhaka कुम्भक bezeichnet wird, geht über das externe (Rechaka रेचक)) und interne (Pūraka पूरक) hinaus.

ततः क्षीयते प्रकाशावरणम् ॥ 2.52 ॥

tataḥ kṣīyate prakāśāvaraṇam

2.52 Durch diese vier Arten des Prāṇāyāmas प्राणायाम, wird der Schleier über dem Licht des Wissens eines Yogī gelüftet.

धारणासु च योग्यता मनसः ॥ 2.53 ॥

dhāraṇāsu ca yogyatā manasaḥ

2.53 Und dadurch wird der Geist tauglich für (Dhāraṇā धारणा) Konzentration.

स्वविषयासंप्रयोगे चित्तस्वरूपानुकार इवेन्द्रियाणां प्रत्याहारः ॥ 2.54 ॥

svaviṣayāsaṃprayoge cittasvarūpānukāra ivendriyāṇāṃ
pratyāhāraḥ

2.54 Wenn die Sinne von ihren Sinnesobjekten zurückgezogen werden, fangen die Sinne an dem Geist zu folgen, was als Pratyāhāra प्रत्याहार bekannt ist.

ततः परमा वश्यतेन्द्रियाणाम् ॥ 2.55 ॥

tataḥ paramā vaśyatendriyāṇām

2.55 Durch die Perfektion von Pratyāhāra werden die Sinne unter die vollständige Kontrolle des Yogī gebracht.

इति पतञ्जलि-विरचिते योग-सूत्रे द्वितीयः साधन-पादः

iti patañjali-viracite yoga-sūtre dvitīyaḥ sādhana-pādaḥ

Hier endet das sādhana-pādaḥ, welches durch Patanjali niedergeschrieben wurde.

तृतीयोऽध्यायः

Tṛtīyo'dhyāyaḥ

विभूति-पादः

Vibhūti-pāda

Die göttlichen Kräfte

Während des Abschlusses des letzten Kapitels wurde erwähnt, dass durch die vier Prāṇāyāmas, der Schleier, welcher über dem Licht des Wissens liegt, für einen Yogī entfernt wird und der Geist tauglich für (Dhāraṇā) Konzentration wird. Dieses Kapitel beginnt mit der Definition von Dhāraṇā.

देशबन्धश्चित्तस्य धारणा ॥ 3.1 ॥

deśabandhaścittasya dhāraṇā

3.1. Den Geist auf einen Punkt zu fokussieren, wird Dhāraṇā bzw. Konzentration genannt.

तत्र प्रत्ययैकतानता ध्यानम् ॥ 3.2 ॥

tatra pratyayaikatānatā dhyānam

3.2 Der (Tatra) Prozess, den Geist auf einen Punkt zu fixieren (pratyaya), wenn das Subjekt des Fokusses (ekatānatā) dasselbe bleibt (ohne Veränderung), wird Dhyāna bzw. Meditation genannt.

Hier gibt es drei Faktoren in Dhyāna. Diese sind Dhyātā (der Meditierende bzw. die Seele), Dhyeya (Objekt der Meditation), und dhyāna (Meditation). In Dhyāna sind alle drei Faktoren unterscheidbar.

तदेवार्थमात्रनिर्भासं स्वरूपशून्यमिव समाधिः ॥ 3.3 ॥

tadevārthamātranirbhāsaṃ svarūpaśūnyamiva samādhiḥ

3.3 (tadeva) In Dhyāna, (svarūpaśūnyamiva) vergisst der Meditierende seine eigene Natur und (arthamātra-nirbhāsaṃ) ist sich nur des Objekts der Meditation gewahr (samādhiḥ), was sich dann Samādhi nennt.

In Samādhi sind Dhyātā (der Meditierende bzw. Seele), Dhyeya (Objekt der Meditation), und Dhyāna (Meditation) nicht zu unterscheiden. Anders gesagt, Dhyātā (der Meditierende bzw. die Seele), und Dhyāna (Meditation) verschmelzen in Dhyeya (Objekt der Meditation).

त्रयमेकत्र संयमः ॥ 3.4 ॥

trayamekatra saṃyamaḥ

3.4 Wenn Dhāraṇā, Dhyāna und Samādhi auf ein einzelnes Objekt fokussiert werden, nennt sich dies Sañyama.

Wie zuvor bereits gesagt, konstituieren diese drei - Dhāraṇā, Dhyāna und Samādhi - zusammen Sañyama bzw. Co-Einigung (त्रयमेकत्र संयमः).

तज्जयात्प्रज्ञालोकः ॥ 3.5 ॥

tajjayātprajñālokaḥ

3.5 Wenn die Perfektion von Sañyama संयम erlangt ist, findet Erleuchtung/Aufgeklärtheit statt.

तस्य भूमिषु विनियोगः ॥ 3.6 ॥

tasya bhūmiṣu viniyogaḥ

3.6 Das Sañyama sollte praktiziert werden, angefangen von makro bis hin zu mikro Objekten.

Als erstes sollte ein Sucher die Praxis von samādhi auf makro Objekte ausführen. Wenn er/sie makro Objekte realisieren kann, sollte er/sie auf mikro Objekte praktizieren, und so weiter.

त्रयमन्तरङ्गं पूर्वेभ्यः ॥ 3.7 ॥

trayamantarangam pūrvebhyaḥ

3.7   Dhāraṇā, Dhyāna und Samādhi sind in direkter Weise hilfreich für Samprajñāta (Sabīja) Samādhi, daher wird gesagt, dass diese direkt mit Samprajñāta (Sabīja) Samādhi in Verbindung gebracht werden, im Vergleich zu den vorangehenden fünf, namentlich-Yama, Niyama, Āsana, Prāṇāyāma, Pratyāhāra.

तदपि बहिरङ्गं निर्बीजस्य ॥ 3.8 ॥

tadapi bahirangam nirbījasya

3.8   Aber Dhāraṇā, Dhyāna, und Samādhi sind nicht direkt hilfreich in Asamprajñāta (Nirbīja) Samādhi, daher wird gesagt, dass diese indirekt zu diesem in Beziehung stehen, wie die Yamas, Niyamas, etc.

व्युत्थाननिरोधसंस्कारयोरभिभव-प्रादुर्भावौ
निरोधक्षणचित्तान्वयो निरोध-परिणामः ॥ 3.9 ॥

vyutthānanirodhasaṃskārayorabhibhava-prādurbhāvau

nirodhakṣaṇacittānvayo nirodha-pariṇāmaḥ

3.9   (Nirodha kṣaṇa) Im Prozess der Eliminierung der sanskāras des Geistes (chittānvaya), finden zwei Tätigkeiten statt. Die erste (vyutthāna sanskāra abhibhava) ist die Eliminierung von den sanskāras und die andere ist (nirodha sanskāra prādurbhāva) es zu unterdrücken, damit nicht eine weitere Akkumulation von sanskāras stattfindet. Dieser Prozess ist als Nirodha-Pariṇāma bekannt.

Anmerkung: Wenn der Geist mit den Objekten der externen Welt involviert ist, akkumuliert dieser sanskāras, dieser Prozess wird Vyutthāna Sanskāras genannt. Abhibhava bedeutet Elimination. Wenn der Geist von der externen Welt zurückgezogen wird, dann hört dieser ebenso auf weitere sanskāras anzusammeln und die bisherigen sanskāras werden verbraucht/erschöpft. Dieser Prozess der Aufzehrung ist bekannt als Nirodha Sanskāra (Abbildung.13).

Abbildung 11, Vyutthāna und Nirodha Sanskāras.

तस्य प्रशान्तवाहिता संस्कारात् ॥ 3.10 ॥

tasya praśāntavāhitā saṃskārāt

3.10 (Sanskārāt) Durch die Wirksamkeit von Nirodha Sanskāra (Abwesenheit von sanskāras) [tasya] wird der Geist (praśānta-vāhitā) beständig.

Anmerkung: Nur dann, wenn der Geist seine sanskāras hat, wird er aktiv und flatterhaft. Sanskāras sind wie die Waren im Shop/Laden des Geistes. Wenn der Laden voller Waren/Produkte ist, dann wird dort ein Trubel und Hektik um den Laden sein und der Besitzer des Ladens ist damit beschäftigt seine Produkte zu verkaufen. Wenn der Laden hingegen leer ist, dann hat der Eigentümer nichts zu tun, außer still zu sitzen. Daraus schlussfolgernd kann gesagt werden, ein Geist, welcher frei von Sanskāras ist, wird beständig.

सर्वार्थतैकाग्रतयोः क्षयोदयौ चित्तस्य समाधिपरिणामः ॥ 3.11 ॥

sarvārthataikāgratayoḥ kṣayodayau cittasya samādhipariṇāmaḥ

3.11   (samādhipariṇāmaḥ) Das Ergebnis von Samādhi ist (kṣaya) den Fokus des Geistes von (sarvārthatā) vielen Objekten abzuziehen und (udaya) es steigt die Fähigkeit auf, den Fokus auf ein Objekt (ekāgratā) zu richten.

Die normale Tendenz des Geistes ist es, sich auf einmal auf viele Objekte gleichzeitig zu fokussieren. Aber Samādhi ermöglicht dem Geist, sich einpünktig auf ein Objekt zu fokussieren.

ततः पुनः शान्तोदितौ तुल्यप्रत्ययौ चित्तस्यैकाग्रतापरिणामः ॥ 3.12 ॥

tataḥ punaḥ śāntoditau tulyapratyayau cittasyaikāgratāpariṇāmaḥ

3.12   (taṭh) Wenn der Geist standhaft in Samādhi (śānta) gegründet ist, werden das vergangene, zurückgehende (udita) und das gegenwärtige, sich erhebende Objekt (tulya-pratyaya) verbunden (cittasyaikāgratāpariṇāmaḥ), als eine Folge der einpünktigen Konzentration des Geistes. Daraus folgt, dass man den Unterschied zwischen der Vergangenheit und den darauffolgenden Objekten der Gegenwart durch (Geistes-) Konzentration vergisst.

एतेन भूतेन्द्रियेषु धर्मलक्षणावस्थापरिणामा व्याख्याताः ॥ 3.13 ॥

etena bhūtendriyeṣu dharmalakṣaṇāvasthāpariṇāmā vyākhyātāḥ

3.13   (Etena) Durch vielpünktige, einpünktige und ausgerichtete Konzentration des Geistes, die (pariṇāmāḥ)

Veränderungen bezüglich Dharma und durch lakṣaṇa und avasthā (Zustände) der materiellen Dinge und werden die Sinnesorgane (aufgeklärt) geklärt (durch deren Folgerung).

Die Veränderung des dharmas kann erklärt werden durch das Wegbrechen des alten Dharmas und durch das Entstehen von neuem (Dharma). Als Beispiel wird die Transformation eines Tonklumpens in einen Topf als Veränderung des dharmas bezeichnet.

Wenn der gleiche Wechsel des dharmas im Gleichnis von Ton beschrieben wird, das heißt die Umwandlung von einem Klumpen Ton in einem Topf, ist es bekannt als das Verändern des lakṣaṇa von Ton. Wenn Ton in der Form des Klumpens ist, ist es ein lakṣaṇa von Ton und Ton in der Form eines Topfes ist ein anderer lakṣaṇa von Ton. Gleichermaßen wird dieser als lakṣaṇa des Goldes bezeichnet, wenn ein goldenes Armband zu einem Ohrring geformt wird.

Die Veränderung eines Zustandes ist erkennbar bzw. wahrnehmbar, wenn ein neuer Topf im Laufe der Zeit alt wird.

शान्तोदिताव्यपदेश्यधर्मानुपाती धर्मी ॥ 3.14 ॥

śāntoditāvyapadeśyadharmānupātī dharmī

3.14 (Dharmī) Das Objekt (anupāti) bleibt in allen Zuständen unverändert, das heißt (śānta) in Vergangenheit, (udita) Gegenwart und (avyapadeśya) Zukunft.

Ton selbst ist das unveränderliche Objekt (dharmī), das zu einem neuen Topf, alten Topf, und zum Topf welcher in Zukunft modelliert wird, werden kann.

क्रमान्यत्वं परिणामान्यत्वे हेतुः ॥ 3.15 ॥

kramānyatvaṃ pariṇāmānyatve hetuḥ

3.15   Das Fortschreiten einer Sequenz ist die Ursache der mannigfaltigen Evolution.

Zum Beispiel wäre das Fortschreiten einer Sequenz, zuerst das Pulver von Ton vorzufinden, dann wird dieses ein feuchter Tonklumpen, dann ein trockener Tonklumpen, schließlich ein gebrannter Ton, was alles wiederum die Ursache für die facettenreiche Produkte des Tones ist.

परिणामत्रयसंयमाद् अतीतानागतज्ञानम् ॥ 3.16 ॥

pariṇāmatrayasaṃyamād atītānāgatajñānam

3.16   Durch Sañyama auf die Veränderungen des dharma, lakṣaṇa und avasthā eines Objektes, kennt ein Yogī die Vergangenheit und Zukunft eines Objektes.

शब्दार्थप्रत्ययानामितरेतराध्यासात् सङ्करस्तत्प्रविभागसंयमात्सर्वभूतरुतज्ञानम्

॥3.17 ॥

śabdārthapratyayānāmitaretarādhyāsāt

saṅkarastatpravibhāgasaṃyamātsarvabhūtarutajñānam

3.17   (Adhyāsāt) Dadurch, dass die Eigenschaften von einem in ein anderes übertragen werden, (śabda) geht dort eine Integration der Wörter, (artha) deren Objekten und (pratyaya) des Wissens der Objekte (auch wenn jedes anders ist und separat) vor sich. Durch Sañyama auf die separate Natur der Wörter, Objekte und deren Wissen kann ein Yogī die Sprache aller lebenden Wesen (Tiere, Vögel, Pflanzen, kleine Kreaturen, etc.) verstehen.

संस्कारसाक्षात्करणात्पूर्वजातिज्ञानम् ॥ 3.18 ॥

saṃskārasākṣātkaraṇātpūrvajātijñānam

3.18   [saṃskārasākṣātkaraṇāt] Durch sañyama auf die sanskāras eines bestimmten Lebewesens, [pūrvajātijñānam] kann ein Yogī die vorherige Spezies der Geburt dieses Wesens wissen.

प्रत्ययस्य परचित्तज्ञानम् ॥ 3.19 ॥

pratyayasya paracittajñānam

3.19 [pratyayasya] Durch sañyama auf den Geist einer anderen Person, [paracittajñānam] kann ein Yogī dessen Geist lesen, bzw. seine Gedanken lesen.

न च तत्सालम्बनं तस्याविषयीभूतत्वात् ॥ 3.20 ॥

na ca tatsālambanaṃ tasyāviṣayībhūtatvāt

3.20 Ein Yogī kann den Zustand des Geistes einer anderen Person in Erfahrung bringen, (na cha) aber es ist ihm verwehrt (sālambanam) die Ursache dieses Zustandes der betreffenden Person in Erfahrung zu bringen, weil (tasya) dasselbe (aviṣayībhūtatvāt) nicht der Inhalt von sañyama ist.

Wie wird ein Yogī Unsichtbar?

कायरूपसंयमात्तद्ग्राह्यशक्तिस्तम्भे चक्षुःप्रकाशासंप्रयोगेऽन्तर्धानम् ॥ 3.21 ॥

kāyarūpasaṃyamāttadgrāhyaśaktistambhe

cakṣuḥprakāśāsamprayoge'ntardhānam

3.21 Durch sañyama auf die Form des Körpers werden die Lichtwellen, die durch den Körper abgestrahlt werden gehemmt, daher wird die Verbindung zwischen den Augen und dem Licht, welches der Körper abstrahlt, unterbrochen, wodurch ein Yogī unsichtbar wird.

(Anmerkung zur deutschen Übersetzung: Fantasyfilme, wie z.B. Harry Potter greifen durchaus oft reale Siddhis als Inspiration auf.)

सोपक्रमं निरुपक्रमं च कर्म तत्संयमादपरान्तज्ञानमरिष्टेभ्यो वा ॥ 3.22 ॥

sopakramaṃ nirupakramaṃ ca karma

tatsaṃyamādaparāntajñānamariṣṭebhyo vā

3.22 (Tat sañyamāt) Durch sañyama auf die karmischen sanskāras (sopakramam) der Vorleben, welche ihre Früchte früher (nirupakramam) oder später (ariṣṭebhyo vā) tragen und von Zeichen, welche Omen genannt werden, (aparānta jñāna) kann ein Yogī die exakte Zeit seines Todes wissen.

Omen sind von dreierlei Art:

1. **Spirituelle:** Wenn ein Finger in den Gehörgang eingeführt wird und es dann jemandem möglich ist das Geräusch wie das Blut durch die Venen und Arterien fließt, zu hören. Wenn die Augen geschlossen werden und einem es nicht möglich ist das innere Licht des Körpers zu sehen.

2. **Ādhibhautika:** Das Treffen mit toten Personen bzw. eine Einladung von toten Personen.

3. **Ādhidaivika:** Unnatürliche Dinge in der Natur zu sehen.

मैत्र्यादिषु बलानि ॥ 3.23 ॥

maitryādiṣu balāni

3.23   Durch sañyama auf Freundlichkeit mit heiteren Personen; Mitgefühl mit den vom Elend getroffenen; und Fröhlichkeit mit den rechtschaffenden Personen; erlangt ein Yogī mehr Heiterkeit, Mitgefühl und Rechtschaffenheit.

बलेषु हस्तिबलादीनि ॥ 3.24 ॥

baleṣu hastibalādīni

3.24 Mittels sañyama auf die (physische) Stärke, kann ein Yogī die Kraft wie die von einem Elefanten erlangen.

प्रवृत्त्यालोकन्यासात्सूक्ष्मव्यवहितविप्रकृष्टज्ञानम् ॥ 3.25 ॥

pravṛttyālokanyāsātsūkṣmavyavahitaviprakṛṣṭajñānam

3.25 Mittels sañyama auf (āloka) das sāttvika Licht, welches durch (*jyotiṣmati pravṛtti*) einen beständigen Zustand des Geistes entwickelt wurde, welcher während der Selbst-Realisation erlangt wurde, kann ein Yogī das Wissen über atomare, verdeckte und entfernte Objekte erlangen.

भुवनज्ञानं सूर्ये संयमात् ॥ 3.26 ॥

bhuvanajñānaṃ sūrye saṃyamāt

3.26 Durch sañyama auf die Sonne können die Mysterien des Universums für den Yogī entfaltet werden.

चन्द्रे ताराव्यूहज्ञानम् ॥ 3.27 ॥

candre tārāvyūhajñānam

3.27 Durch sañyama auf den Mond, kann das Wissen über die Konstellationen erlangt werden.

ध्रुवे तद्गतिज्ञानम् ॥ 3.28 ॥

dhruve tadgatijñānam

3.28 Durch sañyama auf den Polarstern, kann ein Yogī das Wissen der Bewegung des Polarsterns und anderen Sternen erlangen.

नाभिचक्रे कायव्यूहज्ञानम् ॥ 3.29 ॥

nābhicakre kāyavyūhajñānam

3.29 Durch sañyama auf das Nabelzentrum (Bauchnabel) kann das Wissen über die Konstitution des Körpers erlangt werden.

कण्ठकूपे क्षुत्पिपासानिवृत्तिः ॥ 3.30 ॥

kaṇṭhakūpe kṣutpipāsānivṛttiḥ

3.30   Durch sañyama auf die Kehle, kann der Yogī frei vom Bedürfnis von Hunger und Durst werden.

कूर्मनाड्यां स्थैर्यम् ॥ 3.31 ॥

kūrmanāḍyāṃ sthairyam

3.31   Durch sañyama auf das Kūrma-nādi, welches sich unter der Aushöhlung der Kehle befindet, kann der Yogī eine Beständigkeit von Körper und Geist erlangen.

मूर्धज्योतिषि सिद्धदर्शनम् ॥ 3.32 ॥

mūrdhajyotiṣi siddhadarśanam

3.32   Durch sañyama auf das Licht, welches durch die Krone des Kopfes abgestrahlt wird, tritt die Sicht von den Siddhas (extraterrestrisches Leben bzw. eine Person welche göttliche Kräfte hat) ein.

प्रातिभाद्वा सर्वम् ॥ 3.33 ॥

prātibhādvā sarvam

3.33   Durch die Kraft der (Prātibha Jñāna प्रातिभ ज्ञान bzw. Tāraka Jñāna तारक ज्ञान) spontanen Erleuchtung ist es dem Yogī möglich, das Wissen über alle Dinge zu erlangen.

Prātibha Jñāna wird im 3.54 sūtra dieses Kapitels auch als Tāraka Jñāna bezeichnet. Dies dürfte bekannt sein als spontanes Erleuchten, welches während des Prozesses der Selbst-Realisation passiert.

हृदये चित्तसंवित् ॥ 3.34 ॥

hṛdaye cittasaṃvit

3.34   Durch sañyama auf den Herz-Lotus ist es einem yogī möglich, die sanskāras seines Geistes und die sanskāras des Geistes der anderen Personen zu wissen.

सत्त्वपुरुषयोरत्यन्तासंकीर्णयोः प्रत्ययाविशेषो भोगः

परार्थत्वात्स्वार्थसंयमात्पुरुषज्ञानम् ॥ 3.35 ॥

sattvapuruṣayoratyantāsaṃkīrṇayoḥ pratyayāviśeṣo
bhogaḥ parārthatvātsvārthasaṃyamātpuruṣajñānam

3.35 Der (sattva Anmerkung: materielle) Geist (चित्) und die (puruṣa) Seele sind zwei (atyanta) extrem (asaṅkīrṇa) unterschiedliche Gebilde, jedoch resultiert das (pratyaya-aviśeṣaḥ) Nicht-unterscheiden der beiden in (bhogaḥ) Vergnügen, (prārthatvāt) weil die Handlungen des Geistes für die Seele sind. (Sañyamāt) Durch sañyama auf (svārtha) sein/ihr eigenes Selbst, realisiert ein/e Yogī/ni (puruṣa-jñānam) seine/ihre wahre Natur von ihrem/seinem wahren Selbst.

ततः प्रातिभश्रावणवेदनादर्शास्वादवार्ता जायन्ते ॥ 3.36 ॥

tataḥ prātibhaśrāvaṇavedanādarśāsvādavārtā jāyante

3.36 Durch sañyama auf Puruṣa entwickelt sich spontanes Erleuchten, göttliches Hören (Wahrnehmen von unhörbaren Klängen), göttliches Sehen, göttliche Haut-Empfindungen, göttliches Riechen und göttlicher Geschmack.

ते समाधावुपसर्गा व्युत्थाने सिद्धयः ॥ 3.37 ॥

te samādhāvupasargā vyutthāne siddhayaḥ

3.37 Diese göttlichen Kräfte sind Hindernisse auf dem Weg zu Samādhi. Nichtsdestotrotz werden diese in Bezug auf die weltlichen Angelegenheiten als Kräfte angesehen.

बन्धकारणशैथिल्यात्प्रचारसंवेदनाच्च चित्तस्य परशरीरावेशः ॥ 3.38 ॥

bandhakāraṇaśaithilyātpracārasaṃvedanācca cittasya
paraśarīrāveśaḥ

3.38 Durch sañyama (bandha-kāraṇa śaithilyāt) werden sanskāras, die Ursache der Gebundenheit, geschwächt und (saṁvednāt) das Wissen von (prachāra) den Kanälen des Geistes wird erlangt, wodurch eine Yogīni ihren [chittasya] Geist aus ihrem Körper bringen kann und [paraśarīrāveśaḥ] diesen in den Körper einer anderen Person platzieren kann.

उदानजयाज्जलपङ्ककण्टकादिष्वसङ्ग उत्क्रान्तिश्च ॥ 3.39 ॥

udānajayājjalapaṅkakaṇṭakādiṣvasaṅga utkrāntiśca

3.39 Durch die Meisterschaft über udāna vāyu (lokalisiert in der Kehle und Kopf) kann ein Yogī über das Wasser, Sümpfe und Dornen laufen; und zur Zeit des Todes, verlässt die Seele den Körper des Yogis durch seinen Willen über den oberen Ausgang.

समानजयाज्ज्वलनम् ॥ 3.40 ॥

samānajayājjvalanam

3.40 Durch die Meisterschaft über Samāna vāyu समान वायु, welche im Herzen und Nabel lokalisiert ist, entwickelt der Yogī eine strahlende Aura um seinen Körper.

श्रोत्राकाशयोः सम्बन्धसंयमादिव्यं श्रोत्रम् ॥ 3.41 ॥

śrotrākāśayoḥ sambandhasaṁyamāddivyaṁ śrotram

3.41 Durch sañyama auf den Zusammenhang zwischen Akāśa und den auditiven Sinnen entwickelt der Yogī die Kraft der göttlichen Klänge (bzw. deren Wahrnehmung).

कायाकाशयोः सम्बन्धसंयमाल्लघुतूल समापत्तेश्चाकाशगमनम् ॥ 3.42 ॥

kāyākāśayoḥ sambandhasaṁyamāllaghutūla-

samāpatteścākāśagamanam

3.42 Durch sañyama auf den Zusammenhang zwischen dem Körper und Ākāśa erlangt ein Yogī den Zustand, welcher eine Leichtigkeit wie Watte besitzt und es wird ihm möglich durch den Raum (Weltraum) zu laufen.

बहिरकल्पिता वृत्तिर्महाविदेहा ततः प्रकाशावरणक्षयः ॥ 3.43 ॥

bahirakalpitā vṛttirmahāvidehā tataḥ prakāśāvaraṇakṣayaḥ

3.43 Durch sañyama auf die (akalpitā) realen vṛttis des Geistes außerhalb des Körpers, genannt Mahāvidehā महाविदेहा, wird der Schleier über dem Licht des Wissens entfernt.

स्थूलस्वरूपसूक्ष्मान्वयार्थवत्त्वसंयमाद्भूतजयः ॥ 3.44 ॥

sthūlasvarūpasūkṣmānvayārthavattvasaṃyamādbhūtajayaḥ

3.44 Durch sañyama auf die [sthūla] grobe Form, (svarūpa) Natur (essenzielle Charakteristik), [sukṣma] subtile Form, [anvaya] Integration bzw. Synthese von unterschiedlichen Bestandteilen und [arthavattva] Zweck der fünf bhūtas, bekommt ein Yogī die Kontrolle über diese.

(sthūla) Die grobe Form, (svarūpa) Natur (essenzielle Charakteristik), (sukṣma) subtile Form, (anvaya) Integration bzw. Synthese von unterschiedlichen Bestandteilen und (arthavattva) Zweck:

Pṛthivī, Jala, Agni, Vāyu and Ākāśa

Grobe Form: Pṛthivī, Jala, Agni, Vāyu and Ākāśa.

Natur: Fest, flüssig, Hitze, Wehend, All-durchdringend.

Subtil: Geruch, Geschmack, Sicht, Berührung, Klang.

Anvaya: Sattva (Intelligenz), Rajas (Bewegung), Tamas (Materie).

Arthavattavam: Bhoga (भोग Vergnügen) und Apavarga (अपवर्ग Emanzipation).

ततोऽणिमादिप्रादुर्भावः कायसम्पत्तद्धर्मानभिघातश्च ॥ 3.45 ॥

tato 'ṇimādiprādurbhāvaḥ

kāyasampattaddharmānabhighātaśca

3.45 Durch die Kontrolle über die bhūtas erlangt ein Yogī [aṇimādi pradurbhāva] aṇimā, etc. 9 siddhis (göttliche Kräfte), [kāyasampat] diese werden im sūtra 46 definiert; [tad dharmānabhighātaścha] ihre Funktionen werden frei von den Hindernissen der bhūtas.

Die neun siddhis (सिद्धि) sind wie folgt:

Durch sañyama auf die groben bhūtas erlangt ein Yogī die folgenden 9 siddhis (göttlichen Kräfte):

1. Aṇimā अणिमा - Reduzierung des Körpers auf Größe eines Atoms.

2. Laghimā लघिमा - Man wird leicht.

3. Mahimā महिमा - Man wird sehr groß.

4. Prāpti प्राप्ति - Zugang zu allen Orten, selbst auch den Mond zu berühren, während man auf der Erdoberfläche sitzt.

5. Garimā गरिमा - Man wird sehr schwer.

6. Prakāmya प्रकाम्य - Durch sañyama auf die Natur der bhūtas, erlangt ein Yogī die siddhi (göttliche Kraft) von Prakāmya, das heißt, ein Yogī kann alles durch seinen Willen betreten, selbst unter der Erde, wie etwa auch in den Wassermaßen.

7. Vaṣitva वशित्व - Durch sañyama auf die subtilen Formen der bhūtas, erlangt ein Yogī die siddhi (göttliche Kraft) von Vaṣitva, das heißt Kontrolle über alle materiellen Dinge und andere lebenden Wesen, mit eingeschlossen die groben bhūtas, obwohl der Yogī frei ist von der Kontrolle von allem.

8. Īśitva ईशित्व - Durch sañyama auf Anvaya erlangt ein Yogī die siddhi (göttliche Kraft) von Īśitva, das heißt ein

Yogī erlangt die Kraft des Erschaffens bzw. des Zerstörens aller materiellen Dinge.

9. Yatrakāmāvsāyitva यत्र कामावसायित्व - Durch sañyama auf Arthavattva (Absicht/Zweck), erlangt ein Yogī die siddhi (göttliche Kraft) von Yatrakāmāvsāyitva (Satyasaṅkalpatā), das heißt die sofortige Materialisation von seinen Wünschen.

रूपलावण्यबलवज्रसंहननत्वानि कायसम्पत् ॥ 3.46 ॥

rūpalāvaṇyabalavajrasaṃhananatvāni kāyasampat

3.46 Kāyasampat umfasst unbeschreibliche Schönheit, Anmut, Stärke und einem Körper, welcher unverwüstlich wie ein Diamant ist.

ग्रहणस्वरूपास्मितान्वयार्थवत्त्वसंयमादिन्द्रियजयः ॥ 3.47 ॥

grahaṇasvarūpāsmitānvayārthavattvasaṃyamādindriyajayaḥ

3.47 Durch sañyama auf grahaṇa (Empfangen der Kraft der Sinnesorgane), svarūpa (Wissen welches durch die Sinnesorgane bzw. der sensorischen Wahrnehmung gewonnen wird), asmitā (Individualität der Sinnesorgane), anvaya (Kohärenz in dem Wissen, welches durch die individuellen Sinnesorgane wahrgenommen wurde), arthavattva (Zweck der Sinnesorgane) erlangt der Yogī den Sieg über die Sinne bzw. nimmt diese ein.

ततो मनोजवित्वं विकरणभावः प्रधानजयश्च ॥ 3.48 ॥

tato manojavitvaṃ vikaraṇabhāvaḥ pradhānajayaśca

3.48 Durch das Einnehmen bzw. den Sieg über die Sinne erlangt der Yogī die siddhi (Kraft) von Manojavitva (der Körper wird schnell wie der Geist), Vikaraṇa-bhāva विकरण भाव (Informationen zu erlangen von weit entfernten Orten, ohne physisch an diesen anwesend zu sein) und Pradhāna-jaya प्रधान जय (um eine komplette Kontrolle über prakṛti-vikṛti प्रकृति विकृति zu haben, von mahat-tattva महत् तत्त्व beginnend, bzw. der Schöpfung).

सत्त्वपुरुषान्यताख्यातिमात्रस्य सर्वभावाधिष्ठातृत्वं सर्वज्ञातृत्वं च ॥ 3.49 ॥

sattvapuruṣānyatākhyātimātrasya

sarvabhāvādhiṣṭhātṛtvaṃsarvajñātṛtvaṃ ca

3.49 (sattvapuruṣānyatākhyātimātrasya)   Einer,
welcher den Unterschied zwischen Sattva (Geist चित्, der
Geist ist materiell, d.h. aus Sattva) und Purusa (पुरुष Seele)
(sarvabhāvādhiṣṭhātṛtvam)   realisiert   hat,   erlangt
Herrschaft bzw. Überlegenheit über alle materiellen
Dinge und (sarvajñātṛtvam) Wissen über alles.

तद्वैराग्यादपि दोषबीजक्षये कैवल्यम् ॥ 3.50 ॥

tadvairāgyādapi doṣabījakṣaye kaivalyam

3.50 [tadvairāgyādapi] Durch   die   Abneigung,
welche durch die Realisation (angewendetes Wissen der
Unterscheidung) zwischen Sattva (Geist चित्) und Puruṣa
(पुरुष Seele), [doṣabījakṣaye] sind die sanskāras der
Beschwerden und andere karmas Eliminiert, [kaivalyam]
wodurch ein Yogī Befreiung erlangt.

स्थान्युपनिमन्त्रणे सङ्गस्मयाकरणं पुनरनिष्टप्रसङ्गात् ॥ 3.51 ॥

sthānyupanimantraṇe saṅgasmayākaraṇam

punaraniṣṭaprasaṅgāt

3.51 [Upanimantraṇe] Durch die Einladung der
[Sthāni] Personen, welche hoch in der Gesellschaft bzw.
dem Staat stehen, wie etwa Könige oder Kaiser, sollte ein
Yogī [akaraṇama] folgendes nicht fühlen: [saṅga]
Verlockung bzw. [smaya] Stolz, [punar aniṣṭa-prasaṅgāt]
um derentwillen keine Furcht zu entwickeln und
dadurch aus dem Yoga zu fallen bzw. dieses zu verlieren.

क्षणतत्क्रमयोः संयमाद्विवेकजं ज्ञानम् ॥ 3.52 ॥

kṣaṇatatkramayoḥ saṃyamādvivekajaṃ jñānam

3.52 Durch sañyama auf kṣaṇa (kleinste Größe der Zeit, wie ein Atom auch die kleinste Einheit der Materie ist) und durch deren Sequenz kann ein Yogī beides realisieren, kṣaṇa und seine Sequenz, welche Wissen genannt wird, das aus Viveka geboren ist.

Vivekajñāna ist das auf Wissen basierte Realisieren betroffener Dinge.

Kṣaṇa ist eine Zeit, welche durch ein Atom beansprucht wird, welches dieses beim Prozess seiner Relokalisierung braucht (während seiner Bewegung von einem Punkt zum anderen).

Die Charakteristiken von Vivekaja jñāna (Wissen welches aus Viveka geboren ist) wird im nächsten sūtra beschrieben.

जातिलक्षणदेशैरन्यतानवच्छेदात् तुल्ययोस्ततः प्रतिपत्तिः ॥ 3.53 ॥

jātilakṣaṇadeśairanyatānavacchedāt tulyayostataḥ

pratipattiḥ

3.53 Zwei ähnlich aussehende Dinge, zwischen welchen nicht differenziert wird durch ihre Spezies, ihre Charakteristiken und ihren Ort, selbst diese können differenziert werden durch das Wissen, welches aus Viveka geboren ist.

Unterschied der Spezies: Die Krähe und der Kuckuck sind beide jeweils von unterschiedlichen Spezies, aber wegen ihrer Ähnlichkeit, ist es schwierig eine Unterscheidung zwischen diesen bzgl. der betreffenden Spezies zu treffen. Aber ein Yogī kann dies tun.

Unterschiede in den Charakteristiken: Nehmen wir an, es gibt zwei Kühe, hier gibt es keinen Unterschied in der Spezies. Eine Kuh ist Braun, die andere ist Weiss. Das ist ein Unterschied zwischen den Charakteristiken.

Unterschied zwischen den Orten: Nehmen wir an, es gibt zwei Äpfel in verschiedenen Regionen und diese werden jeweils links und rechts platziert, nach ihrem Herkunftsort. Wenn deren Position verändert wird, wird es schwierig eine Unterscheidung zwischen diesen zu treffen, aber ein Yogī kann eine Unterscheidung zwischen diesen treffen, auf der Grundlage seines/ihres Wissens, welches aus Viveka geboren ist.

तारकं सर्वविषयं सर्वथाविषयम् अक्रमं चेति विवेकजं ज्ञानम् ॥ 3.54 ॥

tārakaṃ sarvaviṣayaṃ sarvathāviṣayam akramaṃ ceti

vivekajaṃ jñānam

3.54 Tāraka Jñāna (Spontanes Erleuchten bzw. Aufgeklärtheit) wird auch aus Viveka geboren. Es ist alles umfassend, all-dimensional und ohne Sequenz (gleichzeitig, sofort, und ewig)

सत्त्वपुरुषयोः शुद्धिसाम्ये कैवल्यमिति ॥ 3.55 ॥

sattvapuruṣayoḥ śuddhisāmye kaivalyamiti

3.55 Wenn (sattva) Geist (चित्) und (puruṣa पुरुष) Seele (sāmye) ebenbürtig sind (Śuddhi), zudem auch gereinigt, (kaivalyamiti) ist die Befreiung erlangt.

Reinheit des Geistes meint die Freiheit des Geistes von rajas und tamas; Unterscheidung des Geistes von der Seele; und die Eliminierung der sanskāras und den kleśas.

Reinheit des Geistes bedeutet somit die Abwesenheit des Verlangens in der Seele.

इति पतञ्जलि-विरचिते योग-सूत्रे तृतीयो विभूति-पादः

iti patañjali-viracite yoga-sūtre tṛtīyo vibhūti-pādaḥ

Hier endet das vibhūti-pādaḥ welches durch Patanjali niedergeschrieben wurde.

चतुर्थोऽध्यायः

कैवल्य-पादः

Chaturtho'dhyāyaḥ

Kaivalya-pāda

Befreiung

जन्मौषधिमन्त्रतपःसमाधिजाः सिद्धयः ॥ 4.1 ॥

janmauṣadhimantratapaḥsamādhijāḥ siddhayaḥ

4.1 Göttliche Kräfte (Siddhayaḥ) werden erlangt durch die (janma) sanskāras der vorherigen Leben. (auṣadhi) Ebenso auch durch Verwendung/Anwendung von rasāyana bzw. bestimmter Kräuter, mantras, tapas, und samādhi.

जात्यन्तरपरिणामः प्रकृत्यापूरात् ॥ 4.2 ॥

jātyantarapariṇāmaḥ prakṛtyāpūrāt

4.2 (prakṛti-āpūrāt) Eine Veränderung in den sanskāras (pariṇāmaḥ) verursacht (jātyantara) den Wechsel von einer yoni (Spezies) zur anderen.

निमित्तमप्रयोजकं प्रकृतीनां वरणभेदस्तु ततः क्षेत्रिकवत् ॥ 4.3 ॥

*nimittamaprayojakaṃ prakṛtīnāṃ varaṇabhedastu tataḥ
kṣetrikavat*

4.3 Wie in dem vorherigen sūtra beschrieben, sind sanskāras die ausschlaggebende Ursache, dass die yoni (Spezies/Art) sich ändert. In diesem sūtra, sagt der Āchārya, dass [nimittam] Dharma (die moral-, ethisch- und spirituellen Regeln), welches die entscheidende

Ursache ist und durch das sich die sanskāras wandeln, [aprayojakam] nicht die direkte Ursache des Wandels [prakṛtinām] der prakṛti (Natur) des Menschen ist [varaṇa-bhedaḥ]. Diese sind nur die Brecher der Hindernisse in der Erhöhung des menschlichen Wesens [kṣetrikvat], wie ein Farmer welcher seine Felder bewässert, weder das Wasser erschafft, noch es auffordert gegen die Natur zu fließen, aber doch die Hindernisse entfernt, indem dieser die Kanäle vorbereitet und den Boden anhebt, dass das Wasser natürlich von den erhöhten Schichten zu den unteren Schichten des Feldes fließt.

निर्माणचित्तान्यस्मितामात्रात् ॥ 4.4 ॥

nirmāṇacittānyasmitāmātrāt

4.4 [Asmitā-mātrāt] Durch ahaṅkāra alleine [nirmāña-chittāni] ist der Geist erschaffen.

Hier möchte der Āchārya vorbringen, dass ahaṅkāra alleine die Geburt der mannigfaltigen Geister (चित्त) der verschiedenen Seelen, am Anfang der Schöpfung, vollbringt. Laut Vyāsa, dem Kommentator vom Yogadarśana, heißt es, wenn die Geister erschaffen werden, werden alle Seelen mit ihrem zugehörigen chitta (चित्त Geist mit Bewegung/Inhalt) ausgestattet ततः सचित्तानि भवन्ति । Nachdem diese mit ihrem entsprechenden chitta ausgestattet sind, werden die Seelen geboren. Nach Sāṅkyadarśana werden ebenso der Geist und seine fünf sensorischen Organe aus dem sāttvika Teil des ahaṅkāra geschaffen. Später agieren diese Geister (चित्त chittas) als das Vorratshaus der sanskāras der entsprechenden Lebewesen, welche (die sanskāras) die Eindrücke (Erfahrungen) bzw. die psychologischen Gene im Geist der Lebewesen sind, die sich gemäß deren Handlungen, Gedanken und Tendenzen bilden. Diese sanskāras agieren als die Samenkörner für die kommenden Leben, der betroffenen Lebewesen. Nach der Lehre von Vedānta Darśana, संस्कार बीजात् सृष्टिः ।. Während der Empfängnis eines Lebewesens werden diese psychologischen Gene, welche alle Informationen deren (bisheriger) Leben beinhalten, in die biologischen Gene (DNA/RNA) transformiert.

प्रवृत्तिभेदे प्रयोजकं चित्तमेकमनेकेषाम् ॥ 4.5 ॥

pravṛttibhede prayojakaṃ cittamekamanekeṣām

4.5   [Ekam] Der eine einzelne [chittam] Geist ist [prayojakam] der Impulsgeber [anekeṣām] von verschiedenen Sinnesorganen, in deren [pravṛtti-bhede] verschiedenen Funktionen.

तत्र ध्यानजमनाशयम् ॥ 4.6 ॥

tatra dhyānajamanāśayam

4.6   Der Geist, wird durch [dhyānajam] (was aus der Meditation bzw. deren Praxis entsteht), was zu der Perfektion des Geistes durch samādhi [anāśayam] führt, wodurch dieser sodann frei [Tatra] von dessen sanskārās wird.

कर्माशुक्लाकृष्णं योगिनस्त्रिविधमितरेषाम् ॥ 4.7 ॥

karmāśuklākṛṣṇam yoginastrividhamitareṣām

4.7   Die Handlungen [Karma] von Yogis [yoginaḥ] sind weder weiß (gut) noch schwarz (schlecht). Das heißt, diese sind niṣkāma (ohne eine eigennützige Begierde), [itareṣām], die Handlungen von anderen [trividham] jedoch sind von dreierlei Art: - gut, schlecht und gemischt.

ततस्तद्विपाकानुगुणानामेवाभिव्यक्तिर्वासनानाम् ॥ 4.8 ॥

tatastadvipākānuguṇānāmevābhivyaktirvāsanānām

4.8   Dann [Tataḥ] entsprechend den Konsequenzen [tad vipāka-anuguṇānām-eva] der drei Arten der Handlung (Gut, Schlecht oder gemischt) nimmt die

Bildung von sanskaras [vāsanānām] ihren Lauf [abhivyakti].

Hier möchte der Āchārya darauf hinweisen, dass aufgrund unserer guten, schlechten oder gemischten Handlungen, entsprechend gute, schlechte oder gemischte sanskāras in unserem Geist geformt werden. Wie schon zuvor ausgeführt, sind die sanskāras die Eindrücke (Erfahrungen) oder psychologischen Gene, welche aufgrund unserer Handlungen, Gedanken und Tendenzen im Geist geformt werden

जातिदेशकालव्यवहितानामप्यानन्तर्यं स्मृतिसंस्कारयोरेकरूपत्वात् ॥ 4.9 ॥

jātideśakālavyavahitānāmapyānantaryaṁ
smṛtisaṁskārayorekarūpatvāt

4.9 [jāti-deśa-kāla-vyavahitānāmapi] Sogar wenn durch yonī (Spezies), Ort und Zeit [ānantaryaṁ] unterbrochen wird, herrscht die Aufeinanderfolge von sanskāras ungebrochen, da es keinen Unterschied bezüglich der Natur der sanskāra und des Gedächtnis gibt.

Hier möchte der Āchārya sagen, dass die Natur der sanskāras und des Gedächtnisses dieselbe ist, wenn auch die Seele diese in einem menschlichen, tierischen oder einem anderen Körper akkumuliert hat; egal ob die Seele diese auf der Erde oder anderen Planeten akkumulierte; oder ob die Seele diese heute oder vor Billionen von Jahren akkumuliert hat. Als solche sind diese sanskāras im Geist chronologisch ihrer Reihenfolge entsprechend verbunden, so wie diese sich dann auch entfalten konnten (bzw. Früchte trugen).

तासामनादित्वं चाशिषो नित्यत्वात् ॥ 4.10 ॥

tāsāmanāditvaṁ cāśiṣo nityatvāt

4.10 [Tāsām] Diese sanskāras sind [anāditvam] ohne

Anfang, [nityatvāt] da ist das Sein der Ewigkeit [āṣiṣaḥ], von Begierden für das Vergnügen und das Leben.

हेतुफलाश्रयालम्बनैः संगृहीतत्वादेषामभावे तदभावः ॥ 4.11 ॥

hetuphalāśrayālambanaiḥ saṁgṛhītatvādeṣāmabhāve
tadabhāvaḥ

4.11 [saṅgṛhītatvād] Die sanskāras werden akkumuliert durch [hetu हेतु] Ursachen (gute oder schlechte Handlungen) [phala फल] deren Früchte, [āśraya] Geist [ālambana] und den Objekten der Sinne. [tad-abhāva] Sanskāras verschwinden [eṣām] wenn die genannten vier guten und schlechten Handlungen, deren Früchte, Geist und Objekte der Sinne [abhāve] verschwinden.

अतीतानागतं स्वरूपतोऽस्त्यध्वभेदाद्धर्माणाम् ॥ 4.12 ॥

atītānāgataṃ svarūpato'styadhvabhedāddharmāṇām

4.12 [Atīta] Die Dinge der Vergangenheit [anāgata] und der Zukunft [svarūpataḥ asti] existieren essentiell in atomarer Form, ihre Manifestationen (Erscheinungen in grober Form) sind [adhva-bhedāt] von unterschiedlichen Zeiten von den Manifestationen [dharmāṇām] ihrer dharmas (guṇas) abhängig.

ते व्यक्तसूक्ष्मा गुणात्मानः ॥ 4.13 ॥

te vyaktasūkṣmā guṇātmānaḥ

4.13 [Te] Diese dharmas/guṇas, [vyakta-sūkṣamāḥ] ob nun manifestiert oder unmanifestiert, bestehen [guṇa-ātmānaḥ] aus den drei guṇas - sattva, rajas und tamas.

Hier wird gesagt, dass die komplette materielle Welt aus den drei guṇas sattva, rajas, und tamas besteht. Daher hängt die Sichtbarkeit von allen Objekten von deren Natur, ihrer dharmas/guṇas, ab. Wenn dharmas von atomarer Natur sind, bleiben die Objekte unsichtbar.

Wenn die dharmas von grober Natur sind, sind die Objekte der Sichtbarkeit ausgesetzt. Dies bedeutet, dass Objekte als solche nicht das Subjekt der Wahrnehmung sind, aber deren dharmas/guṇas bzw. Qualitäten sind der Wahrnehmung unterworfen. Wenn wir zum Beispiel ein Objekt sehen, sehen wir seine Länge, Breite, Höhe, Farbe, etc. Sind aber diese Qualitäten von atomarer Natur, würde es uns nicht möglich sein, diese Objekte zu sehen. Nur die Objekte können gesehen werden, von welchen die Qualitäten sichtbar sind. In diesem Kontext zitiert Vyasa (4.13) einen śloka mit Referenz zu Śāstrānuśāsana:

गुणानां परमं रूपं न दृष्टिपथमृच्छति ।

यत्तु दृष्टिपथं प्राप्तं तन्मायेव सुतुच्छककम् ॥

[Bedeutung] Die atomare Form (kausale Form) der guṇas ist nicht der Wahrnehmung ausgesetzt. Was auch immer wahrgenommen wird, ist der Effekt der atomaren Form (groben Form) der guṇas.

परिणामैकत्वाद्वस्तुतत्त्वम् ॥ 4.14 ॥

pariṇāmaikatvādvastutattvam

4.14 [Vastutattvam] Die Identität eines Objektes [pariṇām] ist letztlich das Ergebnis von [ekatvam] der Synthese seiner guṇa Anteile.

Die Welt ist geformt aus den Kombinationen und Permutationen (Verwandlung, Umformung) der drei guṇas, wie kommt es, dass verschiedene Objekte ihre jeweiligen Identitäten haben?

Die Antwort hierauf ist, dass in jedem Objekt die Kombination und Permutation der guṇas eine einmalige Synthese darstellen, welche dem Objekt seine Identität verleihen.

वस्तुसाम्ये चित्तभेदात्तयोर्विभक्तः पन्थाः ॥ 4.15 ॥

vastusāmye cittabhedāttayorvibhaktaḥ panthāḥ

4.15   [Vastusāmye] Ein und dasselbe Objekt wird [cittabhedāt] unterschiedlich empfunden durch verschiedene Geister (chit). Dies zeigt, dass [tayoḥ] der Geist und die Objekte [vibhaktaḥ panthā] zwei verschiedene Dinge sind. (Abbildung.14).

Abbildung 12: Zwei mal jeweils der Geist und ein Objekt.

न चैकचित्ततन्त्रं वस्तु तदप्रमाणकं तदा किं स्यात्॥

4.16॥

na caikacittatantraṃ vastu tadapramāṇakam tadā kiṃ syāt

4.16   Die Existenz von einem Objekt [na cha] hängt nicht [chitta-tantras] von der Wahrnehmung eines Geistes ab. Wenn ein Objekt nicht durch einen Geist wahrgenommen wird, [tadapramāṇakaṃ tadā kiṃ syāt] würde es dadurch nicht existent werden?

Die Antwort hierauf ist nein.

तदुपरागापेक्षित्वाच्चित्तस्य वस्तु ज्ञाताज्ञातम् ॥ 4.17 ॥

taduparāgāpekṣitvāccittasya vastu jñātājñātam

4.17   Ein Objekt [Vastu] ist bekannt [jñāta] oder [ajñāta] unbekannt in Bezug auf [chittsya] den Geist, [taduparāgāpekṣitvāt] je nachdem ob es mit diesem in Kontakt ist [cha] oder nicht.

Wenn der Geist durch die Sinnesorgane in Kontakt mit dem Objekt kommt, ist das Objekt dem Geist bekannt und wenn der Geist nicht in Kontakt mit dem Objekt ist, bleibt das Objekt unbekannt.

सदा ज्ञाताश्चित्तवृत्तयस्तत्प्रभोः पुरुषस्यापरिणामित्वात् ॥ 4.18 ॥

sadā jñātāścittavṛttayastatprabhoḥ puruṣasyāpariṇāmitvāt

4.18   [Chittavṛttayaḥ] Die vṛttis des Geistes [sadā] sind ihrem Meister, [Puruṣasya] der Seele, immer [jñātā] bekannt, dem absoluten [tatprabhoḥ] Meister, der Seele [puruṣa], weil die Seele [apariṇāmī] nicht der Veränderung unterworfen ist (Das heißt, die Seele wird niemals alt und stirbt auch nicht).

न तत्स्वाभासं दृश्यत्वात् ॥ 4.19 ॥

na tatsvābhāsaṃ dṛśyatvāt

4.19   [Tat] Der Geist (चित् cit) besitzt nicht [na] sein [svābhāsam] eigenes Wissen, [dṛśyatvāt] weil dieser aus den Elementen von dṛśya jagat, das heißt, sattva ahaṅkāra, was jaḍa जड (Materie) ist, besteht.

एकसमये चोभयानवधारणम् ॥ 4.20 ॥

ekasamaye cobhayānavadhāraṇam

4.20   [ubhaya-anavadhāraṇam] Einer kann nicht zwei Kognitionen (Wahrnehmung des Selbst und Wahrnehmung eines materiellen Objektes) [eka-samaye] zu derselben Zeit haben. Wenn eine Person das Selbst realisiert, kann diese nicht die Kognition von materiellen Objekten haben und wenn Sie die Kognition von materiellen Objekten hat, kann diese nicht die Selbstrealisation haben.

चित्तान्तरदृश्येबुद्धिबुद्धेरतिप्रसङ्गः स्मृतिसङ्करश्च ॥ 4.21 ॥

cittāntaradṛśye buddhibuddheratiprasaṅgaḥ
smṛtisaṅkaraśca

4.21 [cittāntaradṛśye] Wenn Kognition (eines Geistes) durch einen anderen Geist postuliert wird, [buddheḥ] dann ist Kognition eines Geistes durch [buddhi] einen anderen Geist (चित्त chitta) als nicht endende Kette gegeben und die Erinnerungen von allen Geistern werden sich miteinander vermischen.

चितेरप्रतिसंक्रमायास्तदाकारापत्तौ स्वबुद्धिसंवेदनम् ॥ 4.22 ॥

citerapratisaṃkramāyāstadākārāpattau
svabuddhisaṃvedanam

4.22 Wenn die [apratisaṃkramāyāḥ] unveränderliche und unberührte [citeḥ] Seele [āpattau] sich selbst mit der Natur des Geistes identifiziert [tadākārā], wird dies svabuddhisaṃvedanam genannt (Identifikation meint hier, dass die Seele पुरुष sich selbst als Geist चित् identifiziert).

Dies passiert alles aufgrund von avidyā. Manchmal identifizieren Personen sich selbst mit dem Köper शरीर und manchmal mit dem Geist चित् oder dem Denkprozess.

द्रष्टृदृश्योपरक्तं चित्तं सर्वार्थम् ॥ 4.23 ॥

draṣṭṛdṛśyoparaktaṃ cittaṃ sarvārtham

4.23 Der Geist [Chitta चित्त], durch die Informationen der externen Welt [uparaktaṃ] verfärbt, durch [dṛṣṭṛ] Seele und [dṛśya] die materielle Welt [sarva-artham], erscheint von der Natur von jaḍa (empfindungslosen Materie) und chetana (empfindsamen Wesen) zu sein.

तदसंख्येयवासनाभिश्चित्रमपि परार्थं संहत्यकारित्वात् ॥ 4.24 ॥

tadasaṃkhyeyavāsanābhiścitramapi parārtham

saṃhatyakāritvāt

4.24 Obwohl [tadā] der Geist [saṅhatyakāritvāt] das Produkt von Materie ist, verursacht durch sāttvika ahaṅkāra und [chitram] durch [asaṅkhyeya] unzählige [vāsanābhiḥ] sanskāras der sichtbaren Welt gefärbt, [parārtham] dient er dennoch dem Zweck der Seele (Selbst-Realisation und Realisation von Brahman).

Hier ist es wichtig den Unterschied zwischen der Selbst-Realisation und Realisation der Seele zu verstehen.

Wenn die sanskāras der materiellen Welt komplett aus dem Geist entfernt sind, ist es einer Seele möglich, ihre wahre Natur zu erkennen, dies nennt sich Selbst-Realisation. In dem Zustand der Selbst-Realisation ist der Geist frei von allen sanskāras der alltäglichen Welt, aber er hat den sanskāra von 'aham'. Der Sanskāra von 'aham' wurde durch den Geist empfangen, während seines Ursprungs von ahaṅkāra (Individualität). Tatsächlich ist Ahaṅkāra die zweite Entfaltung von Prakṛti, gefolgt von den mahat-tattva (Intelligenz), wenn die Vereinigung seiner drei Gunas gestört wird. Wegen diesem aham, behält der Geist seine individuelle Identität. Aber in Asamprajñāta samādhi ist der sanskāra von 'aham' ebenfalls gelöscht und ein Yogī verschmilzt vollkommen mit Brahman. Dies wird die Realisation von Brahman genannt. So sind Selbst-Realisation und die Realisation von Brahman zwei verschiedene Dinge. Der Zustand der Selbst-Realisation ist bekannt als der Zustand von Jivan-mukti oder als lebendig-befreit. Ein Yogī wird geboren, aber er lebt ein befreites Leben. Solche Yogīs werden Avatāras genannt, wie Rāma und Kṛṣṇa. Nach der Realisation von Brahman, erlangt ein Yogī finalen Mokṣa, welcher als Videha Mukti विदेहमुक्ति bezeichnet wird.

विशेषदर्शिन आत्मभावभावनाविनिवृत्तिः ॥ 4.25 ॥

viśeṣadarśina ātmabhāvabhāvanāvinivṛttiḥ

4.25 [Viśeṣadarśina] Diejenige, welche imstande sind, die Unterscheidung zwischen Geist (चित्) und Seele (आत्मा) zu erkennen /zu realisieren, [nivṛtti] werden aufhören bzgl. ihrer eigenen Natur [bhāvanā] neugierig [ātmabhāva] zu sein (individuelle Identität).

तदा विवेकनिम्नं कैवल्यप्राग्भारं चित्तम् ॥ 4.26 ॥

tadā vivekanimnaṃ kaivalyaprāgbhāraṃ cittam

4.26 [Tadā] Nach der Realisation der Unterscheidung zwischen dem Geist und der Seele [chittam], wird es dem Geist [viveka-nimnam] möglich auf dem Weg hin zu Mokṣa zu wandeln und [kaivalya-prāgbhāram] er schreitet souverän auf Moksha zu.

तच्छिद्रेषु प्रत्ययान्तराणि संस्कारेभ्यः ॥ 4.27 ॥

tacchidreṣu pratyayāntarāṇi saṃskārebhyaḥ

4.27 [Tacchidreṣu] In Intervallen [pratyayāntarāṇi] erheben sich Gedanken der sichtbaren Welt [saṃskārebhyaḥ] durch die Kraft der sanskaras.

हानमेषां क्लेशवदुक्तम् ॥ 4.28 ॥

hānameṣāṃ kleśavaduktam

4.28 [Hānam] Die Eliminierung [eṣām] von diesen sanskāras der sichtbaren Welt wird [uktam] beschrieben [kleśavad] wie das Eliminieren/Ausmerzen der kleśas (Beschwerden/Gifte des Geistes).

प्रसंख्यानेऽप्यकुसीदस्य सर्वथा विवेकख्यातेर्धर्ममेघः समाधिः ॥ 4.29 ॥

prasaṃkhyāne'pyakusīdasya sarvathā vivekakhyāter dharmameghaḥ samādhiḥ

4.29 Wenn es einem Yogī möglich ist [prasankhyane] die Unterscheidung zwischen Geist und Seele zu realisieren, [akusidasya] wird dieser frei von den

Verlockungen der göttlichen Kräfte (Siddhis), welche von ihm durch die Erfahrung von samādhi erlangt wurden; seine/ihr [viveka-khyāte] (Empfindung von der Unterscheidung zwischen Geist und Seele) ist gestärkt und er/sie betritt die Stufe von [dharma-megha] Samadhi (was die höchste Form von Samprajñāta Samādhi darstellt).

तत: क्लेशकर्मनिवृत्ति: ॥ 4.30 ॥

tataḥ kleśakarmanivṛttiḥ

4.30 [Tataḥ] Von Dharma-megha Samadhi werden alle [kleśa] Leiden/Gifte des Geistes, sowie [karma] sanskāras eliminiert.

तदा सर्वावरणमलापेतस्य ज्ञानस्यानन्त्याज्ज्ञेयमल्पम् ॥ 4.31 ॥

tadā sarvāvaraṇamalāpetasya jñānasyānantyājjñeyamalpam

4.31 [Tadā] Nach der Eliminierung der Geistesbeschwerden, sanskāras und der Auslöschung von [sarvāvaraṇa-malāpetasya] allen Unreinheiten des Geistes, welche zu avidyā und Ignoranz führten, kommen diese zu einem Ende. [ānantyāt] Die Konsequenz daraus ist ein Überfluss an Wissen [jñānasya] und [alpam] es bleibt sehr wenig [jñeyam] zu wissen, das noch gewusst werden kann.

तत: कृतार्थानां परिणामक्रमसमाप्तिर्गुणानाम् ॥ 4.32 ॥

tataḥ kṛtārthānāṃ pariṇāmakramasamāptirguṇānām

4.32 [Tataḥ] Wenn die Perfektion in Dharma-megha Samādhi erlangt ist, [guṇānām] die Objekte der Gunas [kṛtārthānām] sich erfüllt haben, [samāptiḥ] [pariṇāmakrama] kommen die sukzessiven Transformationen von sattva, rajas und tamas Guṇa zum Ende (Geburtszyklus).

Was ist diese Abfolge? Das selbe ist im folgenden sūtra definiert.

क्षणप्रतियोगी परिणामापरान्तनिर्ग्राह्यः क्रमः ॥ 4.33 ॥

kṣaṇapratiyogī pariṇāmāparāntanirgrāhyaḥ kramaḥ

4.33 [Kramaḥ] Die Abfolge [kṣaṇa pratiyogī] wird relativ zu kṣaṇa (Zeit der Verschiebung eines Atoms bzw. die Zeit welche verstreicht, die ein Atom benötigt um sich von einem Ort zur nächsten Position zu bewegen) [nigrāhyaḥ] wahrgenommen [aparānta], am Ende [pariṇām] der Schlussfolgerung einer Serie.

पुरुषार्थशून्यानां गुणानां प्रतिप्रसवः कैवल्यं स्वरूपप्रतिष्ठा वा चितिशक्तिरिति ॥ 4.34 ॥

puruṣārthaśūnyānāṃ guṇānāṃ pratiprasavaḥ kaivalyaṃ svarūpapratiṣṭhā vā citiśaktiriti

4.34 [Pratiprasavaḥ] Die Auflösung von [guṇānām] den Gunas, welche nun zwecklos (null und nichtig) geworden sind, da die Seele zurück in ihrer Quelle (Prakrti) ruht und [svarūpa-pratiṣṭhā vā chiti śaktiḥ] die Seele in ihrer wahren Form verweilt, die Kaivalya ist.

॥ इति पतञ्जलि-विरचिते योग-सूत्रे चतुर्थः कैवल्य-पादः ॥

iti patañjali-viracite yoga-sūtre caturthaḥ kaivalya-pādaḥ

॥ इति श्री पातञ्जल-योग-सूत्राणि ॥

|| iti śrī pātañjala-yoga-sūtrāṇi ||

Hier endet das Kaivalya-pādaḥ und die Patañjali-Yoga-Sūtrās.

Referenzen

Colebrooke H.T. (1827*). Transactions of the Royal Asiatic Society of Britain and Ireland*, Vol. 1, PARBURY, ALLEN, & Co, London.

Count Bjornstjerna (1844). *Theogony of Hindus*, John Muray, London.

Davies John (1907). *Hindu Philosophy The Bhagvad Gita*, Kegan Paul, London.

Enfield William (1791). *The History of Philosophy*, Vol.1, J. Johnson, London.

Hunter W.W. (1881). *The Imperial Gazetteer of India*, First Edition, 9 Vols. London, Tubner & Co.

Manning (Mrs.) (1869). *Ancient and Mediaeval India,* 3 vols. London, Wm. H. Allen & Co.

Max Müller (1859): *History of Ancient Sanskrit Literature, Williams and Norgate, London.*

Max Müller (1866). *Science of Language*: Lectures Delivered at the Royal Institution of Great Britain in April, May, & June 1861*. Longmans, Green.*

Olcott, H.S. (1885). Theosophy, Religion and Occult Science, London, George Redway, York Street, Convent Garden.

Praphulla Chandra Ray (1902). *A History of Hindu Chemistry*, Vol.1, Williams & Norgate, London.

Sarda, Diwan Bahadur Harbilas (2007). Ed. Ravi Prakash Arya, *Hindu Superiority*, Indian Foundation for Vedic Science, Delhi.

Schlegel Friedrich (1818). *Lectures on History of Literature*, Ancient and Modern. Vol.1, Edinburgh, London.

Weber Albrecht (1878). *History of Indian Literatdure*, London, Trubner & Co. Ltd.

Williams, Monier (1879): '*Modern India and Indians,* Third Edition, Tubner and Co. London.

Wilson H.H (1845). *History of British India* by James Mill, 5th Edition, Vol. 1, London, James Madden.

Wilson H.H, (1861): *Essayas and lectures on the Religion of Hindus*, Vol. 1, Trubner & Co. London.

Wilson H.H (1864) *The Vishnu Puran*, Tubner & Co. London.

Publikationen

1. Engineering and Technology in Ancient India
2. New Discoveries About Vedic Sarasvati
3. Dhanurveda: The Vedic Military Science
4. Vedic Concordance (Four Vols.)
5. Vedic and Classical Sanskrit - A Contrastive Analysis of Phonological and Morphological Features
6. Vedic Meteorology: The Ancient Indian Science of Rainmaking
7. Vedic Theory of Origin of Speech
8. Researches into Vedic and Linguistic Studies.
9. Bharatiya Kalagaṇana Ka Vaijñanika eva' Vaiśvika Svarupa
10. Jesus, the Christ was a Hindu
11. History and Origin of Mathematics
12. Indian Origin of Greece and Ancient world
13. India the Civiliser of the World
14. Yuga yugin Trigarta (Trigarta through Ages)
15. Vedic Microbiology
16. Revisiting the Roots of Judeo-Christianity
17. Tributes to Renaissance Rishi
18. Rishi Dayananda in the Eyes of the West
19. Yogavasitha Maharamayaṇa, edited with English translation: 4 vols
20. Valmiki Ramayaṇa, edited with English Translation: 4 vols
21. Rgveda, edited with English Translation: 4 vols.
22. Samaveda, edited with English Translation
23. Yajurveda, edited with English Translation
24. Nature of Vedic Science and Technology
25. Science of Vedic Meters and Musical notes
26. Science and Technology in Mahabharata
27. Reviving the Age-old Historical Tradition of India
28. Vedic Farming
29. Psychology in Yoga Darshan
30. Rainmaking With the help of Yajna
31. Stepping into the 52nd Century
32. Weather Forecast in Vedic Times
33. Sanskrit the Original Source of English
34. An Introduction to Bharatiya Kalagaṇana
35. Somayoga: Vedic Process of Rainformation
36. Agniṣomiya Paśuyaga: Vedic Operation for Rainmaking.
37. Concordance of Vedic Mantras as per Devatas and Risis (Two vols.)
38. Vedic Concordance of a quarter part of a mantra (The revised, redited, and updated Devangari version of Bloomfield's Vedic Concordance) 4 Vols

39. Concordance of Vedic Rishis and Devatas
40. Indian Chronology to Indian History
41. 7000 years old Calendar of various Indian Eras
42. 7000 years' Calendar of Lunar Phases (8 Vols)
43. Śrimad Bhagvad Gita: A Vedic Scientific Scripture of Liberation
44. Bible in India: Indian Origin of Hebrew and Christian Revelations
45. Introduction to the Vedas
46. The Ṛgveda Sanhita: A Spiritual, Scientific and Socio-political Commentary. Vol. 1
47. Signatures of Time: A Collection of 231 Letters of Swami Dayanand Sarasvati written in 19th Century India
48. Vedika Svasthya Vijnana
49. Indic Studies and Western Hermeuneutics
50. Lost Scientific Literature of Bharat
51. Incredible India
52. Vedic Prayers: Vedic Yajna Vidhi
53. Divinizing of A Human being: Means and Methods According to Yogavasistha
54. Satyarth Prakash: True Face of Hinduism and An Agenda for Reformation of World Religions
55. Energy in the Vedas
56. Contrastive Study into Phonology of Vedic and Classical Sanskrit
57. Vedic Value System: A Key to Modern World Crisis
58. Life and Culture in Ancient Indian Asramas and Hermitages
59. Origin and Development of Calendars in the World
60. Jesus Christ: A Misnomer of Lord Krishna of India
61. Psychological Concepts and Psychotherapy in Yoga Darsana
62. India The Cradle of World Civilizations
63. Swami Dayanand Sarasvati as Viewed by the West
64. Calendar of Planetary Sankrantis: 1800 AD -2100 AD

Vedische Wissenschaft

Ein vierteljährliches Fachblatt der Indischen Stiftung für vedische Wissenschaften, welches den vedischen Wissenschaften und den wissenschaftlichen Interpretationen sowie deren verwandter Literatur gewidmet ist.

Vedischer Welt Kalender

Der vedische Welt Kalender ist ein Sāyaṇa Pañcāṅga (aktualisiert durch Präzision) Das erste mal in der Geschichte des indischen Kalenders gibt einen, in welchem die Details der vedischen Solaren und Mond-Monate angegeben sind. Dieser Kalender nennt die indischen Feste in ihrem astronomischen Sinne nach Sāyaṇa Pañcāṅga und historisch nach Niryaṇa Pañcāṅga.

www.ingramcontent.com/pod-product-compliance
Lightning Source LLC
LaVergne TN
LVHW040128180726
843489LV00005B/1638